미사일 이야기

차례
Contents

미사일과 로켓 없이 전쟁에서 이길 수 있을까?

제2차 세계대전, 로켓과 미사일의 출현

1939년 9월 1일 독일이 폴란드를 침공하면서 시작된 제2차 세계대전은 초기에는 유럽 대륙 대부분을 점령하면서 독일군이 우세했다. 그러나 1941년 6월 소련을 침공하며 전선이 확대되었고, 모스크바로 접근하던 중 1941년 7월 14일 모스크바 서쪽 벨로루시(Belarus) 스몰렌스크(Smolensk) 루드냐(Rudnya)에서 참패를 당하며 주춤했다. 이때 소련군의 신무기 중 하나가 다연장로켓, 132mm 카튜샤 로켓이었다. 이후 독일군은 카튜샤 로켓을 '스탈린의 오르간'이라고 부르며 공포에 떨었고, 소련군은이 로켓을 대량생산해 제2차 세계대전 내내 효과적으로 사용했다.

제2차 세계대전에서 소련에 승리를 안겨준 (좌)카츄사 로켓과 (우)발사대

　멀리서 들었을 때 연속되는 로켓의 발사음과 폭발음은 오르간 건반을 두드리는 소리와 비슷해 공포에 질린 독일군 병사들은 이를 '스탈린의 오르간'이라 불렀다. 소련군의 완강한 저항에 고전하던 독일은 1942년 카스피 해 근처 스탈린그라드에서 벌어진 대규모 집단전투에서 소련군에 완패하며 패전하기 시작했다.

　동부전선에서 밀리기 시작한 독일은 미국이 참전하면서 서부전선에서도 밀리기 시작했고, 연합군에게 제공권을 빼앗기자 매일 공습을 당하며 궁지에 몰렸다. 독일군은 불리한 전세를 역전시켜주기를 기대하며 전쟁 중에도 신무기 개발에 주력했는데, 유럽 대륙에서 영국 런던을 보복 타격할 수 있는 'V-1, V-2 미사일'이라는 신무기가 그것이었다(V는 '보복'을 의미하는 단어 'Vergeltungs'의 첫 글자). 제공권을 장악한 후 독일을 궁지로 몰아넣고 있던 영국은 미사일이라는 뜻밖의 무기 때문에 매일 공포에

순항미사일의 원조인 V-1

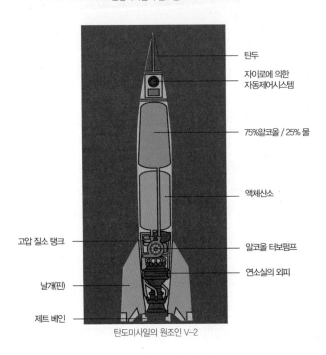

탄두

자이로에 의한
자동제어시스템

75%알코올 / 25% 물

액체산소

고압 질소 탱크

알코올 터보펌프

연소실의 외피

날개(핀)

제트 베인

탄도미사일의 원조인 V-2

시달리게 되었다. 많은 피해를 입으며 조사한 끝에 겨우 미사일의 윤곽을 파악했지만, 일단 발사대를 떠나 날아오는 미사일을 방어할 수단은 없었다. 가끔 운이 좋아 비행 중이던 전투기 조종사가 옆으로 날아가는 V-1을 요격한 경우는 있었으나 초음속으로 비행해 느닷없이 폭빌하는 V 2는 도저히 막을 수 없었다. 그렇지만 1944년에 이르러서야 처음 등장한 이들 신무기가 기울어진 전세를 역전시키지는 못했다.

여하튼 제2차 세계대전은 전쟁의 승패를 좌우할 정도로 중요한 역할을 하게 되는 '현대적 로켓과 미사일'이 등장한 최초의 전쟁이다.

포클랜드전의 엑조세 미사일

동도와 서도의 두 섬으로 구성된 포클랜드(Falklands) 섬은 제주도의 몇 배 크기인데 영국 본토에서는 13,000km, 말비나스(Malvinas)라고 부르는 아르헨티나 본토에서는 약 600km 떨어져 있는 곳이다. 영국과 아르헨티나 두 나라는 19세기 초부터 포클랜드 섬에 대해 서로 영유권 주장을 해왔고, 1982년에도 UN에서 설전과 협상을 벌이고 있었다. 영국은 1833년 이후 포클랜드 섬을 실효적으로 지배해오고 있었는데, 1982년 4월 2일 아르헨티나가 기습적으로 병력 1만 2천 명을 상륙시켜 포클랜드 섬을 점령하면서 전쟁이 시작되었다. 한때 선진국 진입을 앞두었던 아르헨티나도 잠수함과 항공모함, 미라지(Mirage)와

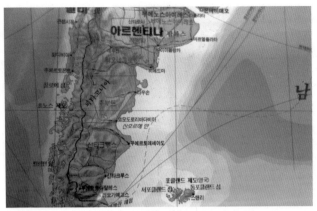

포클랜드 지도

스카이호크(Skyhawk) 전투기 등을 보유할 정도로 힘 있는 나라였다. 포클랜드에서 13,000km나 떨어져 있는 영국의 입장에서는 전쟁 수행이 매우 어려웠는데, 아르헨티나는 영국의 이러한 약점을 이용하면 승산이 있다고 판단해 많은 준비를 하고 기습적으로 점령한 것이었다. 그러나 빠르고 과감하게 전쟁을 결심한 영국의 대처 수상은 약 1만 명의 병력을 실은 함대를 100척 이상(수송선 포함)으로 편성해 포클랜드로 파견했다. 이 기동함대는 해리어 전투기와 헬리콥터를 탑재한 항공모함 2척, 잠수함과 구축함, 수륙 양용함, 상륙함 등 막강한 군사력으로 편성되어 있었다.

한편 아르헨티나는 섬을 점령한 뒤 본토에서 전쟁 준비를 해 놓고 느긋하게 기다리고 있었다. 1982년 5월 4일 영국군을 기다리던 아르헨티나는 영국 함대가 접근함을 파악하고 본토에

프랑스제 대함미사일인
엑조세 미사일

서 전투기를 발진시켰다. 프랑스에서 수입한 아르헨티나의 슈퍼
에탕다르(Super Etendard) 전투기는 역시 프랑스에서 수입한 엑조
세(Exocet) 미사일로 무장하고 있었다. 영국 함대의 탐지를 피해
해면 저공비행으로 접근하던 아르헨티나 전투기는 재빨리 엑조
세 미사일 두 발을 발사하고, 대공사격을 피해 급선회 비행을
했다. 그 당시까지 실전에서 사용된 적이 없었지만 엑조세 미사
일 한 발은 정확하게 영국 함대의 쉐필드(Sheffield) 구축함에 명
중했다. 정확하게 명중은 했지만 탄두가 폭발하지 않았는데, 그
래도 화재가 발생해 쉐필드함은 큰 피해를 입은 채 침몰하고
말았다. 이러한 상황으로 인해 영국군은 큰 충격에 빠졌고, 기
동함대의 위치를 아르헨티나 본토에서 더 먼 곳으로 변경해야
만 했다. 또 한편으로는 미국의 위성정보 등 더 많은 군사정보
협조를 요청하게 되었다. 영국을 돕기로 한 미국은 인공위성 등
으로 파악한 아르헨티나군의 움직임과 이동 배치 현황을 실시

간으로 영국에 제공했다.

이후에도 쌍방의 전투는 해상과 섬에서 치열하게 전개되었는데, 1982년 5월 25일 아르헨티나는 또 한 번의 큰 전과를 올렸다. 이 날도 엑조세 미사일로 무장된 전투기를 발진, 미사일 두 발만으로 15,000톤의 애틀랜틱 컨베이어(Atlantic Conveyor)호를 침몰시킨 것이다. 이 공격으로 영국군은 치누크(Chinook) 헬기 3대와 병력수송용 웨섹스(Wessex) 헬기 10대 등 많은 중장비가 수장되는 치명적인 손실을 입었다. 만약 이러한 병력 손실을 반복한다면 영국군은 작전계획을 전면 변경해야만 했다.

그러나 아르헨티나가 거둔 전과는 거기까지였다. 아르헨티나가 보유한 엑조세 미사일과 미사일을 발사할 수 있는 슈퍼 에탕다르 전투기는 각각 다섯 발과 다섯 기가 전부였다. 이제 남은 엑조세 미사일은 한 발뿐이었고, 더 구입해 올 수 있는 시간적인 여유도 없었다. 그 사이 전열을 정비해 우세한 전력을 자랑하는 영국군은 1982년 6월 14일 포클랜드 섬의 재탈환에 성공, 전쟁을 승전으로 마무리 지었다.

세월이 흐르면서 포클랜드 전은 빨리 잊혀져 갔지만, 영국 함정을 격침시킨 엑조세 미사일은 명품 미사일로 인식되어 사람들의 뇌리에 선명하게 남았다. 이후 여러 나라가 엑조세 미사일을 수입하고 싶어했으나 영국의 압력을 받아 프랑스조차 아무에게나 수출할 수 없었다. 그러나 명품 미사일의 명성을 얻은 엑조세는 그 후 더욱 스마트하고 사거리가 증대된 미사일로 개량·개발되었다.

이란–이라크전의 스커드 미사일

샤트 알 아랍(Shatt-al-Arab) 수로를 둘러싼 이란과의 국경분쟁을 해결함과 동시에 이란이 내부 혁명으로 혼란한 상황을 틈 타 중동에서 패권을 잡으려던 이라크의 사담 후세인(Saddam Hussein)은 1980년 9월 22일, 이란 공격을 시작했다. 공격의 시삭은 러시아에서 수입한 스커드(Scud) 미사일로 적의 핵심목표를 타격해 국경 부근을 점령하는 것이었다. 개전 초기 이라크는 선제공격으로 전과를 올렸지만, 당시의 스커드 미사일은 사거리가 300km로 이란의 수도 테헤란을 타격할 수 없었고, 165만 km²의 큰 나라인 이란도 쉽게 붕괴될 정도는 아니었다.

곧이어 이란도 반격을 시작해 약 1년 뒤에는 이란이 이라크

이란–이라크 지도

(왼쪽) V-2에서 유래해
많은 변형품이 개발된
대지 탄도미사일 스커드
(오른쪽) 나이키 미사일

의 석유 수송 해로를 차단하며 전세를 역전시켰다. 이때 이란
과 이라크 모두 중국에서 수입한 실크웜(Silkworm) 대함 미사일
을 사용했다. 전쟁은 상호 간에 총력전을 하면서 이내 교착상
태에 빠졌고, 장기전으로 돌입하게 되었다. 이란은 과거에 도입
했던 미국제 미사일도 사용하고, 이라크는 화학무기까지 동원
했다. 그들은 저장하고 있던 많은 미사일을 모두 소모하고, 외
국의 도움을 받으며 긴급 개발을 추진했다.

이때 이란은 러시아로부터 스커드 미사일을 수입할 수 없어

그 대안으로 북한에게 도움을 요청했다. 한편 북한은 이집트의 협조로 스커드 미사일을 획득, 1976년부터 역설계·개발에 착수해 1985년에는 스커드 미사일의 개량형인 화성-5 미사일의 개발을 완료하고 있었다. 외화와 개발자금이 급히 필요했던 북한은 충분한 입증시험을 완료하기도 전에 화성-5 미사일을 대량생산해 이란에 수출했다. 이라크와 이란은 쌍방 모두 사거리를 연장해 상대방의 수도를 타격할 수 있도록 스커드 개량형 미사일을 개발했지만 쌍방의 전력이 한쪽으로 크게 기울지 않았다. 결국 제3국의 유조선 피해와 전쟁 종식을 위한 UN의 중재로 약 8년 동안의 전쟁을 종식시키기로 합의하고, 1988년 8월 20일 전쟁을 끝내게 되었다. 한편 전쟁을 시작한 이라크의 사담 후세인은 크게 재정압박을 받게 되었다.

당시 전쟁에서 이라크와 이란 쌍방은 보유하고 있던 미사일을 총동원했는데 스커드, 프로그(Frog), 실크웜, 토우(Tow), 호크(Hawk), 엑조세, 하푼(Harpoon) 등의 미사일이 대지 공격, 대함 공격, 대전차와 대공 공격에 동원되었다. 또 쌍방이 발사한 스커드 미사일만 1천 발이 넘었으니, 스커드 미사일은 세계적으로 실전에서 가장 많이 사용된 지대지 미사일이라 할 수 있다.

제1차 이라크전(걸프전)의 미사일

이란과의 전쟁에서 국력을 소진하고 부채에 시달리던 이라크의 사담 후세인은 1990년 8월 2일 쿠웨이트가 원래 이라크의 영토였다고 주장하며 전격적으로 쿠웨이트를 침공했다. 미국이 주도하는 국제사회는 사담 후세인을 침략자로 규정하고 1991년 1월 22일 이라크를 공격하기 시작했다. 걸프전으로도 불리는 제1차 이라크전은 많은 종류의 미사일이 동원된 하이테크 전쟁의 시작이었다.

이라크도 스커드와 실크웜 미사일을 발사하고, SA-6 지대공 미사일로 연합군의 F-16 전투기를 격추시켰으며 온 사방의 유정(油井)에 불을 질러 혼란을 일으키는 등 미국의 공격에 대응했다. 하지만 제공권 상실로 그 효과는 적었고, 토마호크(Tomahawk), 패트리엇(Patriot), MLRS/ATACMS, 헬파이어(Hellfire-II, 4,000발 이상 사용) 등 첨단무기로 무장한 연합군을 대적하기

이라크군이 '강철 비(steel Rain)'라고 표현한 미국의 MLRS 로켓 야간사격

'강철 비'를 만드는 DPICM 자탄.
로켓 한 발당 DPICM 자탄 644개가 장착되어 있다.

에는 크게 부족했다. 이라크는 연합군의 제공권 장악에 미그 전투기로 대응했지만, 연합군 전투기의 AIM-7 Sparrow 공대공 미사일에 번번이 격추당하자 전투를 포기하고 도망친 후, 잔여 전투기는 보존을 위해 이웃 이란으로 피신시켰다.

미국은 1990년 말 에이태킴즈(ATACMS) 기본형 미사일을 개발하고 운용시험평가를 앞두고 있었는데, 개발시험을 생략하고 직접 걸프전 실전에 투입해 실용운용시험평가를 진행했다. 개발 직후라 당시 에이태킴즈 미사일의 사용수량은 많지 않았으며, 주로 MLRS 로켓을 대량 사용했다. 1991년 3월 22일 이라크는 결국 항복하고, 연합군의 비행금지구역을 받아들이며 종전되었다.

ATACMS: 개발하자마자 실전 현장에 등장한
미국제 대지전술미사일

Sparrow. 전투를 포기하고 이라크 전투기를 피신하게 만든 공대공미사일

제2차 이라크전의 미사일

미국을 비롯한 연합군은 2003년 3월 20일, 2차로 이라크를 공격했다. 대량살상무기(WMD) 개발 의심을 받던 이라크의 사담 후세인을 제거한다는 명분이었다. 1991년 제1차 이라크전 이후 10여 년 뒤 시작된 이 전쟁에는 더욱 발달된 첨단무기들이 동원되고, 대규모의 지상군이 전격 투입되어 압도함으로써 이라크군은 별다른 저항을 하지 못하고 무너졌다. 사담 후세인은 일단 도주했으나 2003년 12월 14일 체포되고, 2006년 12월 30일 처형되어 중동 패권 추구의 종말을 고했다. 군사력의 월등한 차이에 따라 제2차 이라크전은 개전 약 6주 뒤인 2003년 5월 1일 종료되었다.

제2차 이라크전에서는 토마호크, 에이태킴즈 개량형 미사일

토마호크 : 전쟁 초기 안전하게 적을 사전 제압하는 미국의 대지전략 순항미사일

(BLOCK-1A, 450발 사용)을 비롯해 헬파이어-II(1,000발 이상 사용, 열압력탄 포함), 토우(약 1,000발 사용) 미사일 등이 사용되었고, 파괴를 면한 이라크의 소수 이동식 발사대에서 스커드 미사일이 발사되기도 했다. 두 번째 하이테크 전쟁이라고 할 수 있는 제2차 이라크전에서 사용된 첨단무기는 전체 무기의 77%였다. 재래식 무기의 비율이 대폭 축소되고 있는 것이다.

아프가니스탄전의 헬파이어 미사일

2001년 9월 11일 알카에다(Al-Qaeda)는 뉴욕 맨해튼 쌍둥이 빌딩에 여객기를 이용한 테러 공격을 감행해 전 세계를 공포에 빠지게 만들었다. 테러의 배후자 빈 라덴(Osama bin Laden)을 보호하고 있던 아프가니스탄에 대해 미국이 2001년 10월 8일 보복 공격을 시작함으로써 아프가니스탄전이 시작되었다. 이 전쟁은 2010년 미국 해군특수부대(SEAL)에 의해 빈 라덴이 살해됨으로써 2013년 현재 종결되고 있다.

9.11테러로 사라지고
아프간전의 기폭제가 된
뉴욕 쌍둥이 빌딩

　아프가니스탄전에는 많은 병력이 동원되었지만 대규모 전쟁이라기보다 대테러전의 성격을 띠고 있었고, 많은 첨단무기가 동원되었다. 당시 사용된 미사일은 토마호크와 프레데터(Predator), 헬파이어-II(열압력탄 포함), 토우 등이다. 아프가니스탄전의 후반부에서 중요한 작전은 험준한 산악 지형과 민간인 지역에 섞여 있는 테러 주동자, 지휘부, 훈련캠프 등을 찾아 파괴하는 것이었다. 이러한 작전에서 결정적인 역할을 한 것은 무인기와 개량된 대전차미사일이었다. 무인기 프레데터의 TV카메

프레데터 – 전자게임처럼 조종사가 컴퓨터로 조종하는 미국제 무인공격기

라는 표적 영상을 미국 본토에 있는 조종사에게 주·야간 모두 송신하였고, 조종사가 식별된 표적을 선택하면 무인기의 레이저 조준기가 작동해 무인기에 탑재된 헬파이어 미사일이 표적을 살상 또는 파괴했던 것이다. 물론 표적 식별과 선택을 잘못해 엉뚱한 피해를 입히는 사고가 발생하기도 했다.

미국은 이러한 특수목적을 위해 헬파이어 미사일의 다목적 탄두를 개발했는데, 그것은 전차와 같은 경성표적(hard target)용이 아니고 사람이나 동굴 속의 연성표적(soft target)을 목표로 하는 파편탄두(fragment type) 또는 열압력탄두(thermobaric type)를 사용하는 것이다.

여기서 잠시 무기 수출입에 왜 통제가 필요한지 그 예를 들어보기로 하자. 지대공 미사일 중에 미국이 개발한 휴대용 단

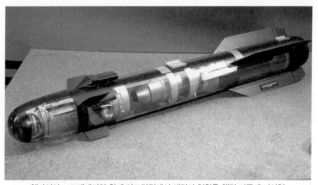
헬파이어 – 프레데터와 함께 아프간전에서 해결사 역할을 했던 미국제 미사일

거리 대공미사일 스팅어(Stinger)가 있다. 그리고 또 하나의 베트남전이라고 불린 소련의 아프가니스탄전(1979~1989)이 있었는데, 미국은 소련을 상대로 싸우는 무자혜딘(Mujahidin)에게 이 스팅어 미사일을 공급해 소련의 전투기를 공격하게 했다. 그런데 2001년에는 미국이 과거에 공급했던 스팅어 미사일이 도리어 아프가니스탄전의 걸림돌이 된 것이다. 결국 미국은 아프가니스탄에 남아 있는 스팅어 미사일을 파악하고, 현상금(한 발당 약 18만 달러)을 걸어 수거한 뒤에야 작전에 돌입할 수 있었다.

이와 같은 단거리 대공미사일 종류로 한국이 개발한 미사일 신궁(神弓)이 있다. 신궁은 전술미사일로 개발되어 자유롭게 수출할 수 있기를 기대하지만, 위와 비슷한 상황발생을 우려할 수밖에 없는 고민이 있는 것이다.

관리와 훈련

전쟁의 승패는 수많은 요인이 결정하는데, 앞의 패전국 예에서 보듯 접근해오는 적을 원거리에서 제압할 수 있는 미사일 정밀타격체계(Precision Strike System) 없이는 전쟁 수행 자체가 불가능하다. 한편 돈이 있다고 해서 명품 미사일을 외국에서 언제나 사올 수 있는 것도 아니다. 제공권의 장악, 무인기와 인공위성 등의 정보 자산과 함께 미사일은 전쟁 승리의 핵심이 되고 있다.

한편 명품 미사일이 있어도 빈틈없는 관리와 훈련이 없으면 무용지물이다. 이를 테면 탄약 관리에서 중요한 부분으로 저장탄약신뢰성평가(ASRP: Ammunition Stockpile Reliability Program) 활동이 있다. 저장탄약신뢰성평가란 보유중인 탄약과 미사일을 매년 정기적으로 점검·사격하고, 불량한 것은 수리하거나 폐기해 언제나 안전하게 사용가능한 상태로 보관·관리하는 활동이다. 포클랜드 전쟁에서 아르헨티나군이 패배한 배경 중 하나는 이 저장탄약신뢰성평가 활동을 게을리 하여 전투에서 막상 사용하려고 했을 때 탄약과 미사일 중 많은 수량이 제대로 작동하지 않았기 때문이라고 한다.

미사일, 어떻게 생겼지?

앞에서 소개한 것과 같이 미사일은 현대전에서 필수품이 되고 있다. 그럼 미사일은 어떻게 생겼으며 로켓과 어떻게 구분할 수 있을까?

미사일과 로켓의 개념

흔히 로켓과 미사일을 혼용해 사용하는 경향이 있으며 이로 인해 대화에서 혼란을 겪기도 한다. 혼란 방지를 위해 좀 더 정확히 구분한다면, '로켓'은 가장 광범위한 개념으로 전체 집합으로 정의하며 유도탄이라고도 말하는 '미사일'은 로켓의 부분 집합 개념으로 볼 수 있다.

즉, 많은 로켓 중에서 군사용 탑재물(payload)을 장착하고 목표물로 유도되는 로켓을 미사일이라고 분류할 수 있다. 로켓에는 상업용 탑재물을 장착하고 유도되는 유도로켓도 있고, 발사 후 유도되지 않는 무유도로켓도 있는데, 따라서 이들을 미사일이라고 부르지는 않는다. 기본적으로 로켓과 미사일을 이렇게 구분하지만, 하나의 로켓에서도 1단 추진구간에서는 유도되지 않다가 2단 추진구간부터 유도되는 경우가 있는 등 무유도로켓이 거의 사라진 현대에는 유도의 여부로 로켓과 미사일을 구분하는 것은 무의미하다. 대부분 군사용 여부로 로켓과 미사일을 구분한다고 할 수 있다.

한편 로켓이라는 말을 매우 광범위하게 사용하고 있어 혼란을 더 일으키기도 한다. 로켓 형상에서 가장 큰 부분이 추진기

로켓과 미사일을 집합개념으로 설명한 그림

관인데, 많은 경우 이 추진기관만 따로 떼어 로켓 또는 로켓엔진이라고 칭하는 경우도 있다. 그러면서 사용 추진제의 종류에 따라 액체추진로켓, 고체추진로켓으로 구분해 부르기도 한다. 그리고 추진기관을 엔진이라 부르기도 하는데, 액체추진로켓의 경우 전문가들은 연소실(combustion chamber)과 노즐 결합체(nozzle assembly)만을 엔진이라고 한다. 이 엔진 위에 있는 연료통과 산화제통을 모두 합칠 때는 추진기관이라고 부른다.

그리고 위의 집합개념으로 설명한 그림에 포함되지 않은 중요한 미사일로 순항미사일이 있다. 순항미사일은 항공기의 것과 유사한 제트엔진으로 추진하며 산화제를 싣지 않고 연료만 채워 공기 중의 산소를 사용하기 때문에 로켓엔진과 구분된다. 고체추진로켓에서는 추진제(산화제와 연료), 노즐 등이 모두 한 몸체로 되어 있어 보통 엔진이라는 말을 쓰지 않고 추진기관이라는 용어를 사용한다.

한편 탑재물로 인공위성을 발사하는 경우에는 로켓의 전체 크기를 봤을 때 맨 위에 위치한 인공위성을 제외한 대부분이 추진기관이다. 이 추진기관은 크기가 수십 미터에 달해 특별히 발사체(Launch Vehicle) 또는 우주발사체(Space Launch Vehicle)라고 부른다. 많은 경우 대륙간 탄도미사일(ICBM: Intercontinental Ballistic Missile)의 추진기관도 발사체로 활용한다.

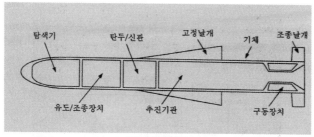

미사일의 기본구성

미사일의 기본구성

앞에서 언급한 바와 같이 로켓과 미사일은 탑재물의 군사용 여부로 구분한다. 군사용 탑재물의 대표적인 것이 폭발물이므로 미사일의 탑재물 부위를 탄두(warhead)라고 부른다. 이부분을 제외하면 로켓과 미사일의 기본구성은 대체로 위의 그림과 동일하다.

위의 그림은 대공미사일의 한 예로, 사람의 눈과 귀에 해당하는 탐색기(seeker)는 보통 맨 앞에 배치하고, 그 뒤에 있는 유도조종장치는 두뇌에 해당한다고 할 수 있다. 여기에는 센서(sensor)와 컴퓨터, 배터리 등이 들어간다. 다음 탄두/신관에는 최종적으로 목표를 달성할 폭발물과 미사일과 표적 간의 근접거리를 판단하는 장치가 있다. 그 뒷부분은 추진기관과 조종날개(control fin)의 구동장치(actuator) 그리고 미사일의 구성품 모두를 엮어주는 기체로 구성되어 있다. 항공기와 동일하게 비행안정성을 유지하는 주날개로 고정날개가 있고, 비행방향을 조

SS-21의 접이식 조종날개는 한옥 창호의 형상을 닮아있어
풍압 중심의 이동 크기는 창살의 폭 미만으로 아주 적다.

종하기 위한 조종날개는 조종의 효율성을 위해 맨 끝에 배치
한다. 조종날개를 움직여줄 구동장치는 바로 옆에 있어야 하기
때문에 공간상 옹색하지만 추진기관의 노즐 주변 공간에 배치
한 것이다.

많은 경우 이 날개들을 접이식으로 설계해 튜브(tube)에서 발
사할 수 있도록 한다. 조종날개는 보통 넓적한 판 형상인데, 북
한이 KN02로 모방·개발한 러시아의 SS-21에서는 아주 특이
한 형상으로 설계하기도 했다(33p의 사진 참조). 그 조종날개는
접었다가 펼 수 있는데, 마치 재래식 한옥 창호의 일부를 떼어
내 붙여놓은 형상이다. 이러한 설계의 이유를 잠깐 소개하면
다음과 같다.

예를 들어 미사일의 비행속도는 정지 상태에서 보통 마하

(Mach) 5까지 변하는데, 이 속도의 변화에 따라 날개 풍압 중심 (center of pressure)의 위치가 변화하고, 이 변화가 너무 크면 구동 장치의 힘이 부족해 작동시킬 수 없는 경우가 발생한다. 이런 경우를 배제하기 위해 일상적인 넓적한 판 형상의 조종날개보 다 풍압 중심의 위치 변화가 적은 조종날개 설계를 한 예가 바 로 SS-21의 특이한 조종날개다. 물론 구동장치의 힘이 충분할 때는 이러한 고민을 할 필요가 없다.

〈미사일의 기본구성〉 그림에서 생략된 세세한 구성품에는 사람의 신경이나 혈관처럼 복잡한 배선장치, 전기장치, 유공압 장치(hydraulic pneumatic system) 등 중요한 기관들이 많다. 여하튼 기본적인 주요 구성품은 그림과 같으며, 각 구성부위의 순서는 필요에 따라 다르게 설계할 수 있다.

탄두 설계에서의 전쟁 원칙

무기의 발전에서 탄약이나 탄두의 발전은 살상 위력을 증가 시키는 것이다. 전형적인 재래식 탄두(conventional munition) 설계 는 두꺼운 강철 표피에 화약을 채워 넣은 형태인데, 이 화약을 기폭시키면 강철 표피가 산산 조각의 파편으로 부서지며 멀리 날아가 사람이나 물자를 파괴하는 것이다. 이것이 소위 파편형 (fragment) 재래식 탄두다. 이 파편형 재래식 탄두에서도 살상 위 력을 증가시키기 위해 강철 표피에 일정한 크기의 홈을 파놓는 데, 이렇게 하면 폭발 시 홈을 따라 생기는 파편이 일정한 크기로 많은 수량 발생하기 때문에 살상 위력이 증가된다.

여기서 더 나아가 얇은 금속 표피로 된 탄두 케이스 속에 수백 개의 작은 자탄(submunition 또는 grenade이라 함)을 충전해 발사하고 표적 상공에서 쏟아 내기도 한다. 그러면 각 자탄이 표적지역에 낙하해 폭발하면서 더 많은 파편이 더 넓은 면적에 퍼져 살상 위력은 훨씬 더 커지게 된다. 자탄은 자체 신관(fuze)을 갖고 있어 탄두의 조립과정이나 비행과정에서는 기폭하지 않도록 안전을 유지하다가 표적 상공에서 쏟아져 나오면 곧 무장(arming)되어 이후에는 약간의 충격만 가해져도 폭발하도록 되어있다. 이렇게 자탄을 이용해 위력을 증가시킨 탄약을 ICM(Improved Conventional Munition)탄이라고 하며, 그 자탄은 ICM 자탄이라 할 수 있다.

그런데 자탄을 설계할 때, 대전차 미사일 탄두에서 설계하

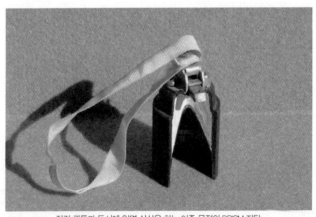

장갑 관통과 동시에 인명 살상을 하는 이중 목적의 DPICM 자탄

는 것처럼 성형작약(shaped charge) 형태로 화약을 설계함과 동시에 금속 표피에 미리 홈을 내주면(위의 그림 참조), 자탄이 폭발할 때 장갑 관통 능력을 발휘함과 동시에 많은 파편에 의한 인명 살상 효과도 갖게 할 수 있다. 이렇게 이중 목적으로 설계된 자탄을 DPICM(Dual Purpose Improved Conventional Munition) 자탄이라고 한다. MLRS 기본형 로켓의 탄두에는 이러한 DPICM 자탄이 로켓 한 발당 644개 충전되어 있어 이라크전에서 '강철 비'를 뿌린 것이다. 이러한 종류의 DPICM 자탄은 다른 로켓과 미사일, 155mm 포탄 등에서도 사용되고 있다.

하지만 이렇게 살상 위력을 증대시킨 ICM 자탄에는 불발된 자탄이 많이 발생한다는 현실적인 문제가 있다. 앞에서 언급한 것처럼 표적 상공에서 쏟아져 나온 자탄이 낙하하면서 100% 무장되고 지면에서 100% 폭발해 잔해를 남기지 않아야 하는데, 실제로는 많은 불발 자탄을 남긴다. 또 이 불발 자탄이 나중에 느닷없이 폭발해 민간인을 살상한다는 문제도 있다. 실제로 이러한 민간인 피해가 중동 지방에서 많이 나타났고, 그 결과 최근 국제 여론의 압력으로 이렇게 불발율이 높은 자탄은 사용을 금한다는 국제협약을 맺게 되었다.

하지만 탄약을 모두 폐기할 수 없는 현실적인 문제를 감안해 예외 조항을 두었는데, 부득이 ICM 자탄을 사용해야 하는 경우 ICM 자탄의 불발율이 1% 미만이어야 한다는 것이다. 이에 따라 선진국들은 불발율이 1% 미만인 ICM 자탄을 개발하고 있는데, 다른 자탄에 비해 상대적으로 수량이 많기 때문에 저렴한 생산단가에 목표를 달성해야 한다는 어려움이 있다. 불발율이 높은 ICM 자탄의 사용을 금지한 것은 대인지뢰의 사용을 금지한 국제협약과 같은 것으로, 또 하나의 '전쟁 원칙'이라 할 수 있다.

미사일 작동의 기본원리

미사일이 추진되는 원리는 작용과 반작용의 법칙에 의한 것이다. 앞의 〈미사일의 기본구성〉 그림에서 추진기관이 점화되면 연소가스가 노즐 밖으로 고속 분출되면서 그 반작용의 추진력으로 미사일이 전진하는 것이다. 이는 비행기나 배가 전진하는 것과 동일한 원리다.

미사일을 유도하는 원리는 다음과 같다. 관성유도를 하는 경우에는 발사하기 전에 목표물의 좌표를 입력해 날아갈 방향을 미리 산출하고 관성센서(Inertial Measurement Unit, 예: 자이로)를 그 방향으로 조준하는데, 〈미사일의 기본구성〉 그림에 따른 미사일에서는 탐색기가 목표물을 찾고, 유도/조종장치(Guidance & Control System)의 컴퓨터가 날아갈 방향을 계산한다. 그리고 그 방향으로 날아가기 위한 조종명령을 산출, 구동장치로 전달하면서 조종날개를 움직여 미사일이 목표방향으로 날아가도록 유도하는 것이다. 한편 비행한 거리는 가속도계(accelerometer)를 이용해 계산한다. 목표물로 날아간 미사일은 목표물에 맞거나 일정 거리에 근접했을 때 또는 일정 시간이 지나면 탄두가 폭

TVC JET VANE – 노즐 안에 위치한 제트 베인

발해 목표물을 파괴한다. 신관은 평상시에는 안전하게 탄두를 보호하고, 필요시에는 반드시 폭발시키는 장치를 말한다.

최초의 현대적 미사일인 V-2의 경우, 조종날개를 외부에 설치하지 않고 고온 내열재인 그라파이트(Graphite)로 만든 조종날개(Jet Vane)를 추진기관 노즐 속에 위치시켜 분출되는 연소가스의 방향을 바꿔주는 고급기술을 사용했다. 이를 '추력방향조종(TVC: Thrust Vector Control)'이라고 부른다.

미사일 체계의 소개

로켓과 미사일이라고 하면 보통 날아가는 물체만을 말한다. 그러나 로켓과 미사일이 날아가기 위해서는 많은 중요 지상(또

31

V-2 미사일 체계의 또 하나의 명품, 메일러바겐 발사체계

는 함상, 항공기상 등) 장비와 시설 그리고 정교하며 복잡한 소프트웨어가 필요한데 일반인들은 이를 간과하기 쉽다. 그래서 전문가들은 단지 '미사일'이라 부르지 않고, '미사일 체계'라고 말한다. 여기서 '체계'란 전체를 의미하는 것으로 미사일은 미사일 체계의 중요한 한 부분이며, 다른 중요 부분으로 발사대와 발사통제체계(Fire Control System) 등이 있다. 이들의 기능과 성능이 미사일의 성능 발휘에 중요한 영향을 미치기도 하는 것이다.

최초의 현대적 미사일인 V-2의 경우, 미사일 자체만으로도 혁신적인 신무기였지만 발사대 메일러바겐(Meillerwagen)도 명품이었다. 메일러바겐 발사체계는 야전에서 약 15톤 규모 대형 미사일의 연료충전을 할 수 있었으며, 미사일을 안전·신속·정확하게 수직으로 기립시켜 발사통제가 가능했다. 그래서 독일의 메일러바겐 발사체계는 V-2 미사일과 함께 미국과 러시아의 선생님 노릇을 톡톡히 했다. 다음에 이어지는 우리나라의 대공미사일인 천궁의 발사체계 그림을 보면 미사일 외에 얼마나 많은 장비가 미사일체계에 속해 있는지, 또 왜 발사체계가 중요한지

천궁의 발사체계 : 미사일에서는 꽃을 피우는 꽃나무(체계) 또한 중요하다.

를 새삼 느낄 수 있다.

적의 항공기나 미사일을 정확하게 요격하려면 미사일을 발사하기 전부터 표적을 추적해야 하고, 적인지 아군인지를 식별해 미사일을 기동시키고 표적을 할당하며 요격 가능 범위에 접근했음을 확인한 후 발사해야 한다. 미사일 발사절차의 대부분은 컴퓨터 프로그램으로 작성하고 자동으로 진행시켜 발사통제관의 인위적 실수를 최소화 하도록 설계한다.

여기서 체계의 중요성을 좀 더 강조한다면, 미사일 한 발을 발사하는 범위를 넘어 미사일 대대 단위의 작전 또는 상급 부대와의 통합작전 등을 고려할 수 있다. 이때 그 모든 인터페이스 임무를 수행하며 최종적으로 미사일을 발사할 수 있는 우수한 성능의 '전투체계'는 반드시 필요하고, 개발의 중요성 또한 늘 염두에 두어야 한다. 또 미사일 개발에 있어 간과하기 쉬운 점 또 하나는 첨단기술이 있어도 일정 수량의 수요(내수 및 수출용)를 확보하지 못하면 생산 및 유지를 할 수 없다는 것이다. 이러한 이유 때문에 선진국들도 공동개발, 공동생산을 하는 것이다.

기본은 변하지 않는다

자동차 120년 역사에서 바퀴와 엔진을 갖추고 있는 자동차의 기본형상이 유지되고 있는 것처럼 미사일 70년 역사에서도 날개와 추진기관을 갖춘 비행체의 형상은 여전히 유지되고 있다. 가까운 미래에 획기적인 형태의 추진기관을 갖춘 미사일이 출현하겠지만 미사일의 기본구성은 변함없이 유지될 것이다. 하지만 사람이 직접 미사일을 발사하는 일은 점차 사라질 것이다.

순종이 타던 자동차 : 약 백 년 전의 자동차와 현재의 자동차는
기본형상이 거의 비슷하다.

미사일의 종류와 주요 국가의 미사일 개발 역사

미사일의 종류

미사일의 종류는 여러 가지 방법과 기준으로 나눌 수 있다. 가장 일반적인 분류의 기준은 발사 플랫폼(platform)과 대상표적의 종류에 따라 구분하는 것이다. 발사 플랫폼은 지상의 발사대, 해상의 함정, 수중의 잠수함, 공중의 전투기, 우주의 정거장 등이 될 수 있으며 대상표적은 역시 지상의 적, 해상의 적 함정, 수중의 적 잠수함, 공중의 적 전투기, 우주의 적 정거장 등이 될 수 있다. 이러한 발사 플랫폼 대 대상표적의 조합으로 지대지, 지대함, 지대공, 함대지, 함대함, 함대공, 공대지, 공대함, 공대공 미사일 등으로 분류하는 것이다.

SS-21 : 북한이 모방 개발한 소련의 지대지 단거리 전술 탄도미사일

이스칸더 : 소련의 지대지 전술 탄도미사일 (사거리 500km)

그 예로 V-2, 스커드, SS-21, 이스칸더(ISKANDER), 동풍(東風 DF-21), 에이태킴즈 등이 대표적인 지대지 미사일이며 호크, 패트리엇이 대표적인 지대공 미사일이다. V-1은 지대지 순항미사일이었으며, 토마호크는 주로 함대지 미사일로 사용하고 있다. 어떤 미사일은 여러 종류의 플랫폼에서 발사되고 여러 종류의 표적에 다목적으로 사용되기도 한다.

날아가는 궤적의 형태에 따라 탄도형과 순항형으로 구분할 수도 있다. 멀리 던진 공처럼 비행궤적, 즉 포물선을 그리며 비행하는 것을 탄도탄(V-2가 그 대표적인 예)이라 하고, 대기중을 날아가는 비행기처럼 비행하는 것이 순항미사일(V-1이 그 대표적인 예)이다. 요즈음 어떤 탄도탄의 경우는 비행 중간이나 종말단계(terminal phase)에서 기동하여 순항미사일과 유사하게 날아가기도 하는데, 그래도 보통 탄도탄이라고 부른다.

최초의 미사일 V-2는 지대지 탄도미사일이고, V-1은 지대지

DF-21 : 중국의 전략 탄도미사일

순항미사일이었는데, 제2차 세계대전 말기에 독일은 잠수함인 유보트(U-boat)에서도 V-2 발사시험에 성공했다. 실전에 사용하지는 못했지만, 이는 최초의 잠대지 탄도미사일인 것이다. 프랑스의 엑조세는 기본이 함대함 미사일인데, 전투기에서 발사할 수 있어 이때는 공대함 미사일이 된다. 토우나 헬파이어 미사일은 모두 지상에서 적의 전차를 파괴하기 위해 사용하는 대전차 미사일인데, 요즈음에는 항공기에 탑재한 발사대에서 다목적 탄두의 토우 또는 헬파이어 미사일을 발사하기 때문에 이들을 일괄적으로 지대지 대전차 미사일이라고만 부를 수는 없다. 공을 들여 개발한 미사일은 이와 같이 다양하게 여러 종류의 미사일로 변형·개발해 효용성을 극대화 하는 것이 일반적인 추세다. 따라서 같은 이름의 미사일에서도 A형, B형, C형 등 여러 종류의 미사일로 나뉘게 된다.

또 현대전에서는 제공권 장악을 위해 제일 먼저 적의 대공 방어망을 파괴하는데(이를 SEAD: Suppression of Enemy Air Defenses 작전이라고 한다), 이때 사용하는 미사일 중에는 비행체 탐색을 위해 전파를 발사하는 적의 레이더만 식별해 그곳으로 호밍(homing)하여 파괴하는, 소위 HARM(High-speed Anti-Radiation Missile) 미사일도 있다.

미사일은 운용 기준에 따라 전술미사일과 전략미사일로 구분할 수도 있다. 사거리가 길면 대부분 전략미사일이지만, 특정 사거리만을 기준으로 전술과 전략을 구분하기에는 각 국가마다 처한 환경이 너무 다르다. 미국의 경우는 300km 사거리의 에이태킴즈 미사일이 전술미사일로 분류되지만, 우리나라 처럼 작은 나라에서는 전략미사일로 분류할 수 있다.

'전략'이라는 용어의 개념은 상대방의 수도나 중요지역을 타격할 수 있으면 적용 가능하다. 또 상대방에게 중대한 영향을 줄 수 있는 것이라면 그것이 무엇이든 '전략'이라는 용어를 적용할 수 있다. 이와 비교해 지역적이고 국지적인 작전에 적용하는 미사일이라면 전술미사일로 분류한다. 이렇게 해석할 때, 서울을 타격할 수 있는 북한의 장사정포는 사거리가 50km 전후지만 한국적인 상황에서는 핵무기와 마찬가지로 전략 무기체계로 볼 수도 있는 것이다. 결론적으로 전술미사일과 전략미사일의 분류는 각국의 상황에 맞추어 달라질 수 있다는 이야기가 된다.

미사일 개발의 역사

독일

독일은 현대적인 미사일을 개발한 최초의 국가다. 1940년대를 기준으로 볼 때 미사일 기술 수준에서 독일은 미국이나 러시아와 비교할 수 없을 정도로 앞서 있었다. 미국의 원자폭탄처럼 독일만이 완성한 V-2 미사일은 혁신적인 신무기였던 것이다. 제2차 세계대전에서 제공권을 잃고 전세가 불리했던 독일은 공습에 대한 보복용으로 V-1, V-2 미사일을 개발해 연합국을 놀라게 하는 데까지는 성공했지만, 기울어진 전세를 뒤집지

V2 미사일은 최초의 탄도미사일이지만,
상상을 초월할 정도로 당시로서는 혁신적이었다.

는 못하고 패했다. 하지만 미사일이라는 신무기의 기술은 모든
승전국이 탐을 내는 분야였다. 독일은 어떻게 V-1, V-2 미사일
을 개발해냈을까?

이미 19세기 말부터 과학자들은 우주로 날아가는 꿈을 꾸
고 있었는데 20세기 초의 독일과 미국, 러시아의 과학자들은
추진력을 내며 하늘로 솟아오르는 로켓을 만들어 시험하기 시
작했다. 초보적인 형태지만 최초의 액체추진로켓 발사에 성

공한 것은 1926년 미국의 고더드(Robert Goddard)였다. 이어 현대적이고 대형 규모의 액체추진로켓은 1930년대 독일의 이론가 오베르트(Herman Oberth)와 사업책임자 도른베르거(Walter Dornberger), 과학천재 폰 브라운(Wernher von Braun)의 주도로 개발되기 시작했다.

독일 여러 대학의 교수와 학생들은 로켓 설계와 제작에 필요한 이론을 연구하며 동호인 조직을 만들었고, 로켓 발사 시험까지 했다. 독일군은 이들의 시험을 보고 가능성을 상상하며 신무기 개발을 후원하기로 했다. 독일군은 폰 브라운이 베를린 공과대학 시절 작성한 논문인 「액체추진로켓의 제작, 이론적 그리고 실험적인 문제해결 방안」을 비밀문서로 지정하고 공개되지 않도록 특별한 보안조치를 취했다(제2차 세계대전 이후 이 논문을 획득한 미국도 1960년이 되어서야 이를 공개했다). 제트엔진을 사용하는 V-1은 비교적 작은 크기의 '나는 폭탄(Flying bomb)' 수준이었지만, V-2는 고도 100km 이상의 외기권까지 비행할 수 있는 길이 약 15m의 '대형 로켓'이었다. 제공권을 잃은 상태에서 독일군의 목표는 유럽 대륙에서 영국의 런던을 타격할 수 있는 신무기를 개발하는 것이었다.

V-2라는 신무기를 개발하는 데 어떤 어려운 신기술이 필요했는지를 잠시 살펴보면 다음과 같다. 여기에는 크게 네 가지의 핵심기술이 필요했는데, 대형액체추진로켓엔진기술과 초음속공기역학기술(Supersonic Aerodynamics), 자이로 이용 관성항법유도조종기술(Inertial Navigation and Control technology), 추력조종기술

(TVC: Thrust Vector Control technology)이었다. 아음속(subsonic)으로 비행하는 V-1과 달리 V-2는 최대 마하 4로 비행하는 초음속 탄도미사일이었던 것이다. 오늘날 많이 사용하는 대형고체추진 로켓 기술은 그 당시에는 미성숙해 고려 대상이 아니었다.

위에서 언급한 네 가지 핵심기술은 세부 내용에서 조금씩 바뀌었지만, 약 70년이 지난 현대에도 여전히 매우 중요한 기술이다. 오늘날에는 위성항법(GPS navigation)을 많이 이용하지만, 전파 방해를 우려하지 않아도 되는 관성항법을 여전히 사용하며, 다만 관성센서로 1940년대 당시 1세대 기계식 자이로 대신 소형화된 링레이저(Ring laser) 자이로나 멤스(MEMS: Micro-Electro-Mechanical System) 자이로 등을 사용한다는 점에서 차이가 있다.

추력조종기술은 대기권 비행이나 외기권 비행 모두에서 매우 중요한 기술인데, 당시의 설계는 고온의 노즐 분사구(nozzle exit cone)에 설치한 작은 날개(control fin)를 조종해 추력의 방향을 조종하는 방식(Jet Vane control)이었다. 이 방식은 지금도 사용 중이며, 여기서는 고온에 견딜 수 있는 조종날개의 소재기술이 핵심기술 중 하나다. 요즈음의 추력조종기술에는 나로호 로켓에 적용한 것처럼 로켓 노즐 자체를 조종(Flexible Nozzle Control)해 추력방향을 조종하는 더욱 강력한 방법도 있다.

여기에 또 하나의 중요 핵심기술을 더한다면 그것은 메일러바겐 발사체계다. 이 발사체계는 약 15톤의 V-2 미사일을 수송하고, 연료충전을 하며, 유압식으로 미사일을 수직으로 들어세워 안정적으로 발사하는 수준 높은 기술이었다. 연합국의 과학자들과 군인들은 V-2의 발사대를 파괴하려고 찾아 헤매었지만, 그것이 메일러바겐과 같을 것이라고는 상상을 하지 못했다.

위와 같은 핵심기술을 개발한 독일은 1942년 10월 3일 V-2 발사시험에 성공했다. 그러나 새롭고 복잡한 구조의 신무기 개발이 그리 쉽고 완벽하게 끝나지는 않았다. 독일은 그 후 약 2년 동안 수많은 설계변경과 확인시험을 거쳐 1944년에야 개발을 마치고 대량 생산에 들어갔으며 런던 공격에 약 1,000발을 사용했다. 독일은 잠수함(U-boat)에서도 V-2 발사시험에 성공했다. 전세가 불리했던 독일은 1944년 미국을 상대로 전쟁 중이던 동맹국 일본에도 잠수함을 통해 이 신무기를 실어 보내 미국을 견제하려 한 것으로 알려져 있다. 그러나 일본이 독일로부터 V-2를 획득해 발사했다는 기록은 없다. 결과적으로 독일은 패전국이 되고, 이 신무기 기술은 미국과 소련의 전리품으로 팔려갔다. 이후 패전국인 독일이 다시 첨단의 미사일 체계를 개발할 수는 없었지만, 현재도 미사일의 세부기술면에서는 독일이 첨단 수준으로 알려져 있다.

당시 독일이 V-2라는 신무기 개발에 투입한 예산은 당시 기준으로 약 30억 달러였다고 한다. 이 예산은 미국의 원자탄 개발 예산인 19억 달러와 비교해보아도 얼마나 큰 액수였는지 알 수 있다. 히틀러 역시 V-2가 당시 전투기 생산단가보다 비싸 불평한 것으로 알려져 있다. 재정적인 면에서도 신무기의 개발이 얼마나 어려운 일인가를 짐작할 수 있는 대목이다.

미국

  사실 액체추진로켓의 비행에 처음 성공한 건 1926년 미국의 고더드가 먼저였다. 그러나 로켓 분야에서 미국의 연구개발은 독일과 소련에 비교해 그리 활발하지는 않았다. 제2차 세계대전 중 미국은 미사일보다 원자탄 개발에 집중해 1945년 제일 먼저 성공한 것이다.

  미국의 현대적인 로켓과 미사일 개발 역시 제2차 세계대전 후 노획한 V-2와 폰 브라운 팀을 활용해 1945년부터 시작되었다. 미국은 원자탄 시험을 진행했던 뉴멕시코 주의 사막지방에 연구개발시험장 WSPG(White Sands Proving Ground, 현재의 White Sands Missile Range)를 만들고, 이곳으로 약 300화차 분량의 V-2 부품을 싣고 갔다. 그리고 약 100여 명의 독일 과학자들과 함

V-2 시험 사진 : 미국과 소련 모두 V-2로부터 배웠다.

(좌) 레드스톤 : V-2로부터 유래한 미국의 초기 탄도미사일
(우) 레드스톤 병기창 옆의 헌츠빌 우주박물관

께 발사시험을 하면서 미사일 기술을 익히고, 자체 모델의 개
발 준비를 진행했다. 로켓과 미사일을 설계할 연구소는 앨라배
마주 헌츠빌의 레드스톤 병기창(Redstone Arsenal)에 설립했는데,
V-2를 모방해 미국이 처음 개발한 자체 모델은 병기창의 이름
을 딴 '레드스톤 미사일'이었다. 그 후 미국은 V-2의 기술자료
와 과학자들을 활용해 자체 모델인 ATLAS, MINUTEMAN
등 ICBM, 아폴로와 같은 위성발사체를 개발했다.

한편 미국은 소련보다 대형고체추진로켓 개발에 더 집
중했는데, 1950년대에 개발을 시작한 나이키 허큘리스(Nike
Hercules), 레드스톤 미사일을 대체한 퍼싱(Pershing) 미사일도 고
체추진로켓 미사일이었다. 소련의 스푸트니크 쇼크(1957년 10월
구소련의 스푸트니크 1호 발사 성공으로 미국이 받은 기술·과학적 충격)에

자극 받은 미국은 항공우주산업에 집중적으로 투자해 세계 최고 수준의 로켓과 미사일 기술을 발전시켰다. 이러한 기술로 미국은 토마호크 등 거의 모든 종류의 미사일 분야에서 현재 첨단을 달리고 있으며 초강대국의 군사력을 건설했다. 이러한 첨단의 군사력은 이라크전과 아프가니스탄전 등에서 입증된 바와 같다.

소련(러시아)

소련에서도 1920년대에 이미 정부와 무관하게 로켓 연구를 하는 과학자 그룹과 아마추어 협회가 있었다. 1933년에 레닌그라드 공대 출신의 발렌틴 글루슈코(Valentin Glushko)는 액체추진로켓엔진 시험에 처음으로 성공했고, 우크라이나 공대 출신의 세르게이 코롤료프(Sergei Korolev)는 액체추진로켓을 날리는 데 처음으로 성공했다. 소련 정부는 이들의 연구와 실험을 보고 국가적으로도 관심을 보이며 지원을 하기 시작했다.

로켓과 미사일 개발에 국가가 체계적으로 착수한 것은 제2차 세계대전이 진행 중이던 1941년이었는데, 이때 주요 연구 개발 책임자들이 앞에서 언급한 발렌틴 글루슈코와 세르게이 코롤료프였다. 제2차 세계대전에서 소련은 BM-13 다연장로켓(카추샤 방사포)을 퍼부어 독일군을 궤멸시키고, 역전의 승기를 잡았지만 미사일 기술은 독일에 크게 뒤져 있었다. 제2차 세계대전이 끝난 뒤 1945년 11월 국방부는 특수건설국을 편성해 내부에 로켓설계국을 설립하고, 대형 탄도로켓을 개발하도

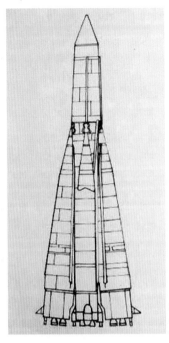

R-7 :
소련의 스푸트니크 위성을
쏘아 올린 전략 탄도미사일

　록 명하면서 그 책임자로 코롤료프를 임명했다. 미국과 마찬가
지로 소련도 독일의 V-1, V-2 미사일 기술을 탐냈다. 그래서
1946년 코롤료프와 글루슈코를 독일로 보내 독일 과학자들을
데려오고, 미사일 기술 관련 자료를 수거해오도록 했다. 소련으
로 와 로켓 개발에 참여한 200명 이상의 독일 과학자 중 대표
적인 사람은 그루트루프(Gröttrup) 박사였다.

　독일 과학자들은 1947년 10월 18일 카스피 해에서 가까운
볼고그라드(Volgograd) 근처의 카푸스틴 야르(Kapustin Yar) 발사장

에서 처음으로 V-2를 발사했다. 이어 독일의 V-2를 모방해 복제품 R-1(R은 로켓의 첫 글자)을 만들고, 1948년 9월 17일 발사했다. 고유 모델을 개발하기 시작한 소련은 곧이어 V-2보다 더 큰 추진력의 R-5, R-7 등을 개발했다. R-7은 1957년 10월 4일 최초의 인공위성 스푸트니크를 쏘아 올린 로켓이다. 다음으로 개발된 R-11 로켓은 소련의 스커드 미사일 원형이며, R-17 로켓은 스커드 미사일의 개량형 원형이다. R시리즈 로켓은 이후 소련의 ICBM과 우주발사체로 발전했다.

앞에서 언급한 로켓들 모두 액체추진제 로켓인데, 제2차 세계대전에서 독일에게 결정타를 입힌 고체추진제 사용의 BM-13 다연장로켓을 계속 발전시켜 많은 종류의 로켓과 미사일을 개발했다. 다연장로켓으로는 가장 유명한 BM-21과 SMERCH 등이 있고, 프로그, 지대지 미사일 SS-21, 이스칸더, 지대공 미사일 이글라(IGLAR), SA-6, S-300 등도 개발했다.

중국

소련은 전략적으로 중요한 동맹국인 중국의 로켓과 미사일 개발을 적극적으로 지원했다. 이에 따라 중국은 1970년에 이미 위성발사에 성공할 수 있었는데, 한편으로는 전 세계에 흩어져 있는 중국인 과학자들을 불러들이며 집중적인 연구개발 투자를 했다.

예를 들어 이란-이라크 전(1980~1988)에서 해로봉쇄작전에 투입되어 유명해진 실크웜 미사일의 경우, 소련은 실크웜

실크웜 : 소련의 스틱스 미사일을 모방한 중국의 대함 전술 순항미사일

의 원형인 스틱스(Styx) 미사일의 기술자료를 개발과 거의 동시인 1958년 중국에 제공했다. 이렇게 제공받은 기술자료에 근거해 실크웜 미사일을 개발한 핵심 인물은 미국에서 교육을 받고 미국 로켓 개발에 깊숙이 참여했으나 1955년 추방된 과학기술자 천쉐쎈(錢學森, Qian Xuesen)이었다. 천쉐쎈은 당시 캘리포니아공대 교수였던 폰 카르만(Theodore von Karman)에게 배우고 제2차 세계대전 말기 독일에 파견됐는데, 여기서 폰 브라운을 만나 V-2의 기술자료를 수집했던 과학자다. 그리고 한국전의 미군 포로와 교환되어 중국으로 가 로켓과 미사일 개발의 대부가 된 것이다.

소련은 전술미사일의 기술자료 뿐만 아니라 대형 로켓인 R-1, R-2의 자료도 실물과 함께 제공했으며, 이 자료들은 중국의 동풍 미사일 시리즈 개발의 바탕이 되었다. 한편 중국은 원거리에서 접근하는 항공모함을 공격할 수 있는 대항공모함 탄도탄 DF-21D를 개발했는데, 이 탄도탄의 탄두는 상대방의 요격을 피하기 위해 종말단계에서 기동하며, 항해 중인 항공모함을 타격할 수 있는 것으로 알려져 있다. 그리고 중국은 위성요격용 탄도미사일(Anti Satellite Ballistic Missile)까지 보유하고 있는 등 첨단 수준의 로켓 및 미사일 선진국 대열에 들어섰다.

일본

일본은 제2차 세계대전 종전 후 1950년대부터 크게 두 방

(좌) M-V : 일본의 고체추진 위성발사체
(우) H-II : 일본의 액체추진 위성발사체

향으로 로켓 기술을 개발했다. 한 방향은 도쿄대학을 포함하고 있는 문부성 주관의 고체추진로켓 개발이고, 다른 한 방향은 과학기술청 주관의 액체추진로켓 개발이다. 일본은 표면적으로 군사용 로켓개발에서 제한을 받았지만, 미국으로부터 기술 도입까지 했다.

일본은 이미 1966년에 규슈(Kyushu) 남단 다네가시마(Tanegashima)에 우주센터를 설치하기 시작했으며, 대형 고체추진로켓인 M-V로 1997년 위성발사에 성공했고, 상업 위성발사에 성공해 현재 운영 중인 대형액체추진로켓 H-II의 첫 위성발사는 1994년에 성공한 바 있다. 일본의 대형 고체추진로켓 M-V는 ICBM을 능가하는 성능을 갖고 있으며, 언제나 군사용 미사일로 변경할 수 있고, 그 기술은 첨단 수준이다.

북한

북한은 소련에서 고체추진로켓인 BM-21 다연장로켓과 프로그 로켓을 들여와 1970년대부터 모방개발을 시작했고, 고체추진 로켓 및 미사일 기술을 발전시켰다. 그 과정에서 소련의 대함미사일 스틱스를 모방하고, 중국이 개발한 대함미사일 실크웜을 수입·모방해 1976년에는 북한제 실크웜 대함미사일을 개발했다.

한편 북한은 1976년 이집트로부터 스커드 미사일을 획득해 모방개발로 액체추진로켓 기술을 발전시켜왔다. 그 결과 스커드를 모방해 개발한 사거리 300km의 화성-5를 1985년부터

KN08 : 2012년 4월 군사퍼레이드에 등장한 북한의 전략미사일

생산하기 시작해 이라크와 전쟁을 하고 있던 이란에 수출했으며, 1990년에는 사거리 500km의 화성-6을 개발해 수출하기 시작했다. 화성 미사일의 직경은 약 0.9m인데, 1993년에는 직경이 1.3m이고 사거리도 1,300km로 늘어난 노동 미사일의 발사시험에도 성공했다. 1998년 8월 31일에는 노동 미사일과 화성 미사일의 추진기관을 결합해 조립한 대포동1호를 일본 상공으로 발사해 그 잔해물을 태평양에 떨어뜨리는 능력을 보여주었다.

한편 북한은 1996년 러시아가 수출했던 고체추진 전술미사일인 SS-21을 시리아로부터 획득해 2000년대에 사거리 120km 수준의 KN02를 개발했고, 2012년 4월 군사퍼레이드에서는 ICBM급의 KN08을 공개했다. 2006년에는 대포동2호로 보이는 대형 로켓을 비행시험 하다 실패했으며, 2009년 4월 5일에는 은하2호 비행시험으로 1단 로켓과 2단 로켓의 비행에

은하3호 : '워싱턴 불바다'
위협의 근거로 쓰인
북한의 전략미사일

성공하는 능력을 과시했다. 이후 2012년 12월 12일에는 은하
3호를 발사해 미확인 물체의 궤도진입까지 성공했다. 북한의
로켓과 미사일 개발에는 중국과 러시아 기술자들의 지원이 있
었던 것으로 알려져 있지만, 북한의 미사일 기술은 현재 선진
국 수준에 근접하고 있다.

계속되는 미사일의 진화

미사일 기술에서 선진국으로 평가되는 그 외의 국가로는 영국과 프랑스, 이스라엘, 인도, 파키스탄, 이란 등이 있다. 참고로 아래 도표는 2010년 국방기술품질원이 조사·평가한 각국의 미사일 기술 수준이다.

자동차의 종류가 다양하고 부엌칼의 종류도 많은 것처럼 국가의 존망이 결정되는 전쟁의 다양한 상황 전개에 대응하기 위해 미사일의 종류도 다양해질 수밖에 없다. 1944년 독일의 V-1, V-2에서 시작된 미사일은 미국과 러시아, 중국 등의 주요 국가에서 대전차미사일로부터 ICBM, 위성요격용 탄도미사일에 이르기까지 끊임없이 발전하고 있다. 아울러 군사력을 최우선으로 추구하는 북한이 끊임없이 미사일 기술개발에 열중하고 있음을 늘 주시해야 한다.

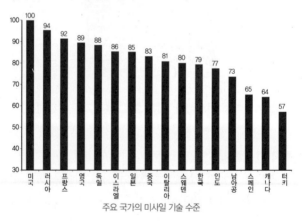

주요 국가의 미사일 기술 수준

우리나라도 20세기에 미사일을 개발했다.
어떻게?

우리나라 미사일 개발의 시작

세계의 미사일 개발은 제2차 세계대전 중 시작되었는데, 그보다 약 30년 뒤인 1970년 8월 6일 국방과학연구소가 창설된 이후 우리나라의 미사일 개발이 시작되었다고 볼 수 있다. 우리나라가 미사일 개발을 시작한 배경에는 당시 미국의 주한 미군 병력 감축 추진과 1968년 1월 21일 북한의 청와대 습격사건이 있었다.

1970년 당시는 남한과 북한의 국민소득 수준이 비슷했으며 우리나라의 연간 총수출액은 10억불 수준에 불과했다. 더구나 북한과 달리 우리나라의 방위산업은 전혀 기반이 없어서 객관

설립(1970년 8월) 후 2년 만에 준공된 홍릉 소재의 국방과학연구소

적으로 볼 때 우리나라가 미사일 개발에 착수한다는 것은 허무맹랑한 뉴스라고 생각되는 환경이었다. 그렇지만 당시 우리나라는 자주 국방력 건설 필요와 북한에 대한 보복 수단 확보가 절실했다. 당시 박정희 대통령은 우선 60명 정원으로 국방과학연구소를 출범시켰는데, 1966년에 먼저 설립된 한국과학기술연구원(KIST)에서 연구 인력을 일부 차출하고, 현역의 사관학교 교수 등 군 출신 과학자들과 학교를 갓 졸업한 젊은이들로 남은 인력을 구성했다. 이 정도 인력으로 미사일을 개발할 수는 없지만, 국방과학연구소 출발 당시부터 박정희 대통령은 미사일 개발 구상을 함께 한 것으로 추정된다.

이어 1972년 대통령의 미사일 개발 공식지시에 따라 국방과학연구소는 사거리 200km 수준으로 서울 근교에서 평양 지역을 타격할 수 있는 미사일을 개발하기로 하고, 구체적인 개발계

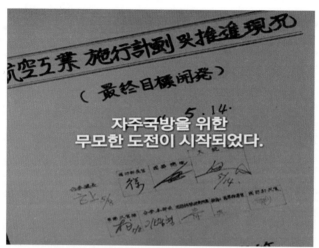

1974년 5월 대통령으로부터 승인받은 백곰미사일 개발계획 승인문서

백곰미사일 발사 성공을 알리는 당시 보도자료

획서를 작성해 1974년 5월 승인을 받았다. 이로써 1974년 실질적인 개발 착수를 한 셈이었다.

당시 미사일 개발 프로젝트명은 'XGM 사업'이라 지어졌는데, X는 '개발 중'이라는 뜻이며 GM은 '유도미사일'의 첫 글자를 딴 것이었다. 이 XGM 사업이 바로 '백곰 사업'으로, 우리나라 여건에서는 개발이 불가능할 것이라는 세간의 예상을 뒤엎고, 국내 연구진은 1978년 9월 26일 백곰 미사일 발사에 성공했다. 백곰은 1980년대 초반 미사일 공백 기간을 거친 뒤 더욱 향상된 성능의 '현무 미사일 사업'으로 이어졌다. 현무 미사일은 지대지 탄도탄 형태의 미사일이다. 이어 우리나라는 함대함, 지대공 미사일 개발에도 착수하는 등 다양하게 사업을 발전시켜 나갔다.

우리나라 최초의
사격 후 망각(Fire & Forget)형
탄도미사일인
현무의 발사시험 모습

미사일 개발은 어떻게 하지?

　세상에 없는 제품을 처음으로 그리고 성공적으로 완벽하게 개발한다는 것은 매우 어려운 일이다. 상상력과 창의력은 물론이요 불굴의 도전정신이 필요하고, 수없이 많은 실패를 이겨내며 일어설 수 있는 후원이 필요하다. 또 어떤 개발이 성공하려면 핵심기술 분야의 학문적인 성숙도와 산업 분야의 인프라도 갖추어져 있어야 한다. 최초의 미사일인 V-1과 V-2를 개발할 때 독일은 패전의 어두운 절박함 속에 있었지만, 그러한 어려움을 극복하고 개발에 성공했다. 그 뒤 많은 후발국들이 미사일을 개발했는데, 비록 V-1과 V-2라는 참조 모델이 있어 성공에 대한 불확실성은 줄었지만, 각국의 개발자들에게 미사일의 개발은 새로운 제품을 최초 개발하는 것과 다름없는 도전이 필요했다.

　무엇인가를 처음 개발할 때는 당연히 개발절차도 정해진 것이 없으며, 시행착오 과정을 거치면서 한 발 한 발 나아갈 수밖에 없다. 또 각 국가의 개발환경이 모두 달라 개발기간과 비용, 소요인력 등을 정확하게 예측하기도 어렵다. 어떤 경우에는 개발 중간 과정에서 목표가 잘못 설정되었거나 경쟁자의 발전 속도 등이 크게 변화해 계획을 대폭 수정 또는 개발을 중단해야 함을 깨닫기도 한다. 이러한 불확실성의 부담과 실패 위험도를 줄이고, 업무 효율성을 높이기 위해 선진국들은 개발절차를 체계화하기 위해 많은 노력을 기울였다.

미사일을 어떻게 개발하는지, 그리고 우리나라가 어떻게 개발을 진행했는지 그 개략적인 절차를 서술적으로 살펴보면 다음과 같다. 이중 많은 과정은 사실 비행기나 자동차, 초고속열차, 스마트폰 그리고 소프트웨어 등을 개발할 때도 동일하게 적용할 수 있다.

첫 번째, 전문가들이 현재와 미래의 안보 상황과 전쟁의 양상을 연구하며 적어도 30년 뒤에는 어떤 기능과 성능의 미사일이 필요할까를 제시한다. 여기서 '전문가들'은 군의 각 분야 전문가는 물론(이들은 소비자와 사용자를 대표한다) 모든 과학 기술 분야의 전문가 그리고 정치인을 포함한다. '적어도 30년'이라는 것은 미사일의 한 살이(life cycle)에 있어 '필요성 제기' 단계부터 개발완료 후 '배치 운용' 시작 단계까지의 개발기간으로 보통 10년 이상 걸리고, 일단 배치되면 '배치 후 운용유지' 기간으로 20년 이상은 운용할 수 있어야 하기 때문이다. 30년 뒤를 예측하는 것은 오류가 날 확률이 높기 때문에 3년 단위 등 정기적으로 최신화 하면서 수정 및 보완한다. 이 단계에서 병행하는 중요한 활동 중 하나는 주변에 있는 상대방과 경쟁자의 현황과 미래를 끊임없이 분석·추적해 개발한 제품이 계속 경쟁력을 확보하도록 하는 것이다. 이 '경쟁력'이 일반 상품의 경쟁력과 확실히 구분되는 점이 있다면 한 국가의 생과 사를 판가름 할 수도 있다는 점이다.

두 번째, 첫째 단계에서의 '필요성 제기'와 미래 예측 결과를 기준으로 하여 '기초연구' '응용연구' '시험개발' 단계의 연구개발을 수행하고, 필요한 미사일 체계의 개념을 구체화 하고 개발 실패 위험을 최소화 하는 기반을 구축한다. 또 앞으로 있을 '탐색개발'과 '체계개발' 단계의 본격적인 연구개발 준비를 수행한다. 특수하고 확정적인 개발사업에서는 필요한 경우 이 단계에서 생산이나 시험평가에 필요한 인프라를 구축해 전체 개발기간을 단축할 수도 있다.

세 번째, 군 등의 사용자와 연구개발자가 개발계약을 맺고, '탐색개발'과 '체계개발' 단계의 본격적인 연구개발을 수행하는 단계다. 이때 필요한 기술의 성숙도가 높다거나 전쟁 발발 등 긴급한 사유가 있을 때는 '탐색개발' 단계를 생략하고 바로 '체계개발' 단계로 진입할 수 있다.

개발계약의 내용에는 전체 미사일 체계와 관련된 그야말로 모든 요구사항이 포함되어 있다고 보면 된다. 여기에는 '배치 후 운용유지' 기간으로, 예를 들어 20년 동안 필요한 '종합군수지원(Integrated Logistics Support)'의 모든 요구사항이 들어있다. 또 운용환경 및 성능 요구사항과 목표 국산화율, 목표단가는 물론 심지어는 최후에 그 무기를 폐기하는 기준과 방법까지 제시할 것을 요구한다. 대부분의 경우 미래에 발생하는 개량요구 성능까지 한 번에 모든 것을 개발할 수 없기 때문에 처음부터 단계적 개량개발계획을 요구하기도 한다. 개발요구 내역에는 제품의 하드웨어는 물론 많은 소프트웨어와 문서, 여러 종류의 서비스 요구사항도 있다. 여하튼 사용자는 개발계약이 완료되어 하이테크 제품을 인수 받았을 때, 가능하면 연구개발자나 생산자의 도움 없이 전쟁환경에서 독자적으로 그 제품을 운용·유지할 수 있다는 사실을 충분히 보장받으려 하는 것이다.

이렇게 다양한 내용의 계약조건은 몇 사람이 단시일 내 할 수 있는 것이 아니며 계약 당사자 팀이 서로 피드백을 주고받으며 오랫동안 준비하는 기간이 필요하다. 연구개발자가 다수일 경우에는 계약경쟁을 하게 되는데, 누가 얼마나 더 확실하고 빠르고 저렴하게 좋은 제품을 개발할 것인가에 따라 최종 계약자로 선정될 수 있다.

한편 긴 개발기간과 개발의 불확실성으로 인해 계약 당사자 간에 요구사항 수정이나 계약변경을 할 수 있는 여지를 두는 것이 보통이다. 어떤 경우에는 제시된 목표성능이 너무 높아 현재는 달성 불가능한 점이 드러나기도 하고, 목표성능을 달성하기 위해 현재로서는 목표단가를 충족할 수 없는 경우도 있다. 이러한 경우 수정계약 협상의 여지가 있음에도 불구하고 대부분 개발 실패로 종결되는데, 그 대부분의 이유는 복잡한 계약변경의 책임을 몇 사람이 지기보다는 '여러 사람의 실패'로 처리해야 충격이 적기 때문이다. 이는 '표준제도와 절차의 한계'라고 할 수 있다.

세 번째 단계에서 이루어지는 '체계개발'은 가장 많은 인력과 예산, 긴 시간이 필요한 단계로 좀 더 세부적인 소개가 필요하다. 개발계약을 맺은 연구개발자는 목표 달성을 하기 위해 많은 업무를 수행하는데, 그중 중요한 것은 경험 또는 실험 자료나 컴퓨터 시뮬레이션에 근거해 개발규격(System Development

Specification)을 만드는 것이다. 개발규격을 만든다는 것은 사실상 예비설계를 하는 것이나 마찬가지다. 왜냐하면 설계를 해보지 않고는 규격 값의 범위를 정해줄 수 없기 때문이다. 결국 각 분야별로 설계를 할 때는 이 개발규격에서 규정한 성능을 충족할 수 있도록 설계해야 하는 것이며, 필요에 따라서는 전체 체계의 설계가 최적화되도록 개발규격을 조정하고 수정·보완한다.

이와 동시에 체계공학적 사업관리계획서(SEMP: System Engineering Management Plan)와 시험평가 관리계획서(TEMP: Test and Evaluation Master Plan), 종합군수 지원계획서(ILSP: Integrated Logistics Support Plan) 등의 문서를 작성해 모든 연구개발 참여자들이 설계와 일정 계획을 하는 데 기준으로 삼도록 한다. 이러한 중요 문서들은 계약 당사자끼리 상호 공유해 개발을 의뢰한 측도 연구개발에 참여해 사업이 성공할 수 있도록 함께 노력하는 것이 좋다. 또 처음 개발하는 사업의 성공을 위해서는 곳곳에 도사리고 있는 위험요인을 식별해 위험관리계획서(Risk Management Plan)를 준비하는 것도 중요하다.

한편 체계개발 단계에서는 여러 종류의 시험평가를 하는데, 기술시험평가(Developmental Test & Evaluation)는 연구개발자가 주관하지만, 운용시험평가(Operational Test & Evaluation)는 개발 의뢰 측인 사용자가 주관해 수행하고, 그 결과가 만족스러우면 다음 단계의 연구개발을 계속하게 된다. 이러한 기술시험평가와 운용시험평가는 보통 1~2회 이상 충분히 시행하게 되며, 중요 부체계(Subsystem) 단위에서도 실시한다. 시험평가는 가능하면 실제 운용환경에서 실시하도록 준비하지만, 실험실 내에서 진행하거나 컴퓨터 시뮬레이션으로 진행하기도 한다.

또 부체계 또는 체계 단위로 주행 환경시험, 온도습도 환경시험, 진동충격 환경시험, 강우 및 모래먼지 환경시험, 전자기파 환경시험, 우주 및 진공 환경시험, 생화학 및 핵전 환경시험, 내구도 시험 등의 수많은 환경시험을 수행해 전쟁환경에서의 성능 발휘를 보장하게 된다. 한편 정비성 등 종합군수지원 개발결과에 대해서도 시험평가를 진행해 '배치 운용 유지'와 '폐기' 단계에서도 문제없음을 보장해야 한다. 또 연구개발 내용에는 시제품뿐만 아니라 대량 생산품이 요구 성능을 충족하면서 목표단가 이하로 제작될 수 있는 제작공정과 품질관리방안 및 절차서 개발도 포함해야 한다.

네 번째, 앞의 세 번째 단계에서 체계개발이 성공해 개발 의뢰측인 사용자에 의해 전투용 장비로 채택되면 이 단계에서는 개발한 체계의 성능과 형상(configuration)이 대량생산과 운용유지 단계에서 100% 보장되고 재현될 수 있도록 셋째 단계에서 개발한 결과물을 국방규격(military standard, specification) 그리고 도면과 회로도, 컴퓨터 프로그램과 각종 제작공정도, 절차서 등으로 구성되는 기술자료묶음(TDP: Technical Data Pakage)으로 개발해 문서화해야 한다. 다른 말로 표현하면 이 국방규격과 기술자료묶음만 있으면 누구라도 언제든지 앞에서 개발한 미사일 체계를 생산·운용할 수 있도록 하는 것이다. 여기서 개발된 국방규격과 기술자료묶음은 실제로 소규모의 대량생산(Low Rate Initial Production)에 적용해 타당성 여부를 평가하고 확정하게 된다. 앞에서 1차 개발한 미사일의 성능을 개량할 때도 이 기술자료묶음을 기준으로 해 개량설계를 진행하고, 형상관리(Configuration Management)를 하게 된다.

미사일을 외국에 수출하거나 생산면허를 수출할 때는 이 국방규격과 기술자료묶음이 핵심가치와 비밀기술이 되는 것이며, 이는 기술특허와 같은 것으로 내용의 많은 부분이 비밀자료로 되어있다. 물론 연구개발 과정에서 작성한 수많은 논문과 특허 그리고 연구보고서와 기술보고서 등이 국방규격, 기술자료묶음과 함께 해당 미사일의 지식정보 자산이 된다. 물론 연구개발의 결과물인 이 모든 지식정보 자산을 문서화 해 가시적인 것으로 만들어 축적해놓지만, 사실 이 모든 내용을 머릿속에 보유하고 있는 연구개발 인력이 가장 중요한 자산이다. 농사지은 것을 잘 추수해 보관하는 것과 동일한 이 네 번째 단계의 업무를 소홀히 하는 실수를 많이 범하는데, 세 번째 단계의 업무 수행자가 반드시 완성해야 하는 연구개발의 가장 중요한 마무리 작업이라 할 수 있다.

한편 이 단계에서는 군 등의 사용자가 하이테크 개발품을 실수 없이 안전하게 잘 사용할 수 있도록 기술교범(Technical Manual), 정비보급교범(Maintain, Supply Bulletin), 교육훈련 평가방안 및 절차서 등을 개발하고, 사용자가 운용자교범(야전교범, Field Manual)을 정확하게 개발하도록 지원해야 한다.

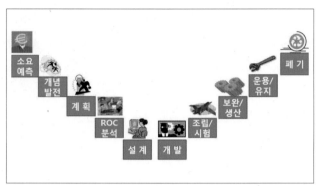

소요 예측부터 폐기까지의 10단계 체계개발 수명주기

다섯 번째, 앞의 네 번째 단계까지로 연구개발 업무의 대부분은 완료되지만, 개발품이 '배치 운용 유지' 단계에서 최종적으로 성공하기 위해서는 사용자가 수행하는 '최초운용능력(IOC: Initial Operational Capability) 평가'에 대한 기술지원 그리고 안전하고 정확한 운용을 보장할 수 있도록 최초 2년 정도의 기술지원 등 후속 활동이 필요하다.

우리나라가 적용한 미사일 체계개발의 수명주기 각 단계에서 수행하는 주요 실무작업 개요는 이상과 같다. 이와 같은 연구개발의 흐름을 좀 더 자세하고 일반화된 '체계개발 수명주기 단계(System Development Life Cycle)'로 소개하면 위의 도표와 같다. 위 도표에서 예를 들어, 소요예측과 개념발전을 하나로 묶고, ROC(Required Operational Capability) 분석과 설계를 하나의 단계로 묶어 계획할 수 있는 등 개발대상에 따라 조정도 가능하다. 여하튼 각 단계별로 필수적인 업무활동을 정의, 목록화 하여 업무를 추진하고 평가할 수 있는 기준문서를 만들어야 한다. 체계공학적 사업관리계획서와 시험평가 관리계획서, 종합군수 지원계획서가 그러한 문서의 예가 될 수 있다.

우리나라 미사일의 발전

우리나라는 기준문서 상으로 앞에서 기술한 체계공학적인 모든 절차를 밟지는 않았지만, 1970년대에 지대지 탄도미사일을 개발했다. 로켓무기에서도 다연장로켓 '구룡(九龍)'을 개발해 미사일 개발의 기반을 다졌으며 미국으로부터 걸프전에서 맹활약 한 MLRS 로켓의 기술을 도입, 생산해 독자적으로 전력화했다. 더 나아가 MLRS 로켓에서 사거리와 정확도 성능을 획기

우리나라의 다연장 로켓 · 미사일체계인 천무

적으로 개량한 로켓·미사일 체계인 '천무(天武) 체계'를 방산업체 주도로 개발하고 있다.

1970년대 백곰 미사일 개발 성공 후, 1980년대에 들어서며 무기체계를 개발하는 국내 연구진들은 점차 자신감을 갖게 되었고, 군의 사용자들도 외국제 무기도입의 관행에서 벗어나 조금씩 국내 연구개발을 검토하게 되었다. 이러한 사용자의 의식 변화는 매우 중요한데, 그 이유는 사용자들의 연구개발 요구 그리고 개발 및 획득예산 배정 없이는 연구개발을 할 수 없기 때문이다. 이러한 기획과 계획 과정을 거치면서 연구진들과 사용자인 군은 자연스럽게 선진국의 무기체계 연구개발 및 획득 절차를 파악, 적용하게 되었다.

이러한 자생적인 연구개발과 획득의 환경변화는 우리 군의 선진화 발전에 크게 기여했다. 과거에는 새로운 무기를 보면서 피상적으로 느끼고 감탄사를 남발했다면 이제는 다른 무기와 비교하며 우열성을 말하고, 가격이 비싸다며 흠까지 잡을 수 있게 된 것이다. 외국의 무기판매상들도 우리의 이러한 변화를 느끼게 되었고, 국내 연구개발진을 의식하지 않을 수 없었다.

이 과정에서 국내 연구개발진을 가장 힘들게 한 것은 군의 사용자들이 전 세계에서 가장 우수한 무기체계 성능 이상의 무기를, 싼 값에 획득할 수 있도록, 게다가 짧은 기간 내에 요구한다는 것이었다. 군의 사용자들로서는 당연한 희망사항이지만 걸음마를 뗀 지 얼마 안 된 연구개발진에게는 많은 경우 벅찬 요구사항이었다. 이렇게 서로의 인식과 현실상황 차이에서 많은 오해와 충돌이 있었는데, 결과적으로 이런 과정들은 우리나라 미사일과 방위산업 발전에 기여했다. 군의 사용자들의 무리한 요구가 때때로 연구개발진을 도전하도록 만든 것이다. 사실 1970년대에 성공한 백곰 미사일도 대통령의 무리한 요구와 연구개발진의 과감한 도전이 만들어낸 결과였다. 자신감을 얻은 연구개발진은 선진국의 무기체계보다 더 나은 성능의 명품 무기체계 개발을 목표로 설정하고 도전하게 되었다.

미사일에 있어서는 대공 및 대함 미사일 개발이 시작되어 지대공 미사일로 천마와 신궁이 운용중이다. 단거리 지대공 미사일인 신궁은 그 이름 그대로 성능이 우수한편인데 유사장비인 미국의 스팅어, 프랑스의 미스트랄(MISTRAL), 러시아의 이글라보다도 우수하다고 알려져 있다. 또 사거리가 길어 호크 미사일

우리나라의 대공미사일인 천마

우리나라의 단거리 대공미사일인 신궁

우리나라의 중거리 대공미사일인 천궁

을 대체함은 물론 미국의 패트리어트과도 비교되는 천궁이 개발되었다.

함대함 미사일로는 초창기에 해룡을 개발했지만 종합군수지원 개발결과가 미흡해 중단하고, 이후 우수한 성능의 해성을 개발해 운용중이다. 해성은 포클랜드전에서 명성을 얻어 개량된 엑조세 미사일, 미국제 하푼 미사일보다 우수하다고 알려져 있다. 또 외국에 유사한 무기가 거의 없음에도 불구하고 원거리에서 신속히 잠수함을 타격할 수 있는 홍상어 미사일을 개발했다.

홍상어는 적의 잠수함 출현이 식별되었을 때, 원거리에서 신속하게 그 지역으로 미사일을 발사해 탑재하고 있는 어뢰를 입수시켜 잠수함을 탐색, 타격하는 미사일이다. 하지만 홍상어 체계는 정확도 관련 실용운용시험평가에서 횟수 부족의 문제로 추가시험평가를 진행하는 등의 과정을 겪고 있다. 한편 2012년 언론에 보도된 바와 같이 우리나라는 신형 탄도미사

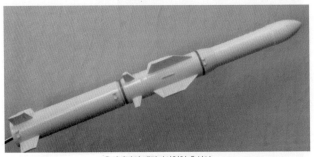
우리나라의 대잠미사일인 홍상어

우리나라의 대함미사일인 해성 미사일

(위) 우리나라의
신형 탄도미사일인 현무2
(아래) 토마호크와 유사한
전략 순항미사일 현무3

일 현무2와 신형 순항미사일 현무3도 개발해 운용중이다.

지난 40년 동안 우리나라는 어려운 여건 속에서도 다양한 첨단 미사일을 개발했다. 외국의 적극적인 지원 없이 자체적으로 이렇게 미사일 기술을 발전시킨 것은 잘 알려지지 않은, 우리나라의 또 다른 기적이며 중요한 국가안보 자산이다.

미사일 개발의 뒷이야기

우리나라 미사일 연구개발에 관해서는 많은 뒷이야기와 일화가 남았다. 그중 일부는 필자의 저서인 첫 번째 참고문헌에도 실려 있는데, 여기 몇 가지 일화를 소개한다.

다락대 연소시험

국방과학연구소의 1974년은 우리나라 미사일 개발의 첫 해라고 할 수 있다. 당시에는 시험할 시제품이나 시험시설이 있을 리 없었다. 그렇다고 책상에 앉아 종이에 그림만 그리기에는 갈 길이 너무 멀었다. 그래서 앞으로 경험해야 할 것 중 하나로 추진기관 연소시험을 계획한 것이다.

연소시험에 사용할 추진기관은 국내에서 확보 가능했던 호크 미사일의 것으로 준비했다. 제대로 연소시험을 하려면 추진력과 압력 등을 측정할 수 있고, 화재예방 등 안전을 확보한 시설을 먼저 만들어야 했지만, 시간적으로 이 모든 시설이 건설될 때까지 기다릴 수는 없었다. 그래서 군 사격장인 다락대

국방과학연구소의
첫 번째 로켓인 홍릉1호 :
잘 날아갔지만 어디로 갔는지
계측하지 못했다.

의 야산 한 구석에 정지작업을 하고, 임시 연소시험대를 만들어 시험을 시작했다. 처음 해보는 연소시험이라 여러 사람들이 기대를 하며 시험참관을 했는데, 그만 사고가 발생하고 말았다. 연소시험대에 고정되어 얌전히 연소해야 할 추진기관이 불이 붙은 지 얼마 지나지 않아 연소시험대에서 이탈한 것이다. 하늘로 솟아오를 수도 있었지만, 지면에 누워 있는 추진기관은 불을 내뿜는 가운데 좌충우돌하며 제자리돌기를 시작했다. 당시 대피소에 있던 시험요원과 멀리서 지켜보던 참관인들은 혼비백산해 도망을 가야 했다. 다행히 불이 붙은 추진기관은 멀리 달아나지 않았고, 이내 연소 종료되어 산불 피해나 인명 피해 없이 추억의 사고로 종결되었다. 당시의 경험은 이후 추진기관의 지상연소시험장 설계와 건설에 많은 참고가 되었다.

1974년 당시에는 비행시험을 할 수 있는 시험장 또한 없었다. 하지만 차후 미사일 비행시험을 대비하기 위해서라도 하루속히 비행시험을 해보며 기술을 축적할 필요가 있었다. 그러기위해서는 시험할 로켓이나 미사일이 우선 필요했는데, 기성품을 확보하는 일이 쉽지 않았다. 고민 끝에 다목적으로 긴급히 로켓과 발사대를 설계·제작하기로 했는데, 그것이 국방과학연구소가 최초로 설계한 홍릉1호 로켓이다. 홍릉1호 설계에는 당시 우리 군이 운영하고 있던 어네스트존(Honest John) 로켓체계를 참조했다. 로켓 설계개발의 경험도 없고, 방위산업 기반도거의 없던 당시의 환경에서 완벽한 로켓체계 시제품이 나올 리없었지만, 도전적인 국내 연구진들은 비행시험을 해볼 수 있는 홍릉1호 로켓체계를 만들어 냈다. 연구진들은 당시 홍릉 연구소 전산실에 있는 대형 컴퓨터로 탄도를 계산해 탄착지점을 예측하는 등 비행시험과 측정준비를 마쳤다.

비행시험 장소는 당시 미군들이 대공미사일 호크의 훈련사격을 하는 충남 대천 앞바다로 정해졌다. 이곳에는 비행체를 추적하는 레이더가 있었다. 그리고 드디어 1974년 12월 국방과학연구소의 첫 번째 비행시험을 진행했는데, 로켓은 불을 뿜으며 발사대 레일을 따라 올라갔다. 그리고 멋있게 비행하며 시야에서 사라져 바다로 날아갔다. 처음 시도한 성공적인 비행시험에 모두들 만족해했다. 그런데 비행시험 후 확인 결과 비행탄도 계측에는 실패했다. 계측 실패 배경에는 당시 레이더가 정밀계측용 레이더가 아니라는 사실 등 여러 가지 이유가 있었는데, 이때의 비행시험 경험은 로켓 설계와 비행시험장 설계 등 많은 분야의 발전에 큰 참고가 되었다.

1978년 9월 26일 우리나라는 세계에서 일곱 번째로 미사일 개발에 성공한 국가가 되었다. 일부 사람들은 국산 미사일이 아니었다고 말하지만, 백곰은 미국제 나이키 허큘리스 미사일을 모방했을지언정 분명히 국내에서 연구개발하고 설계·제작한 국산 미사일이었다. 국군의 날인 1978년 10월 1일 이전에 시험

1978년 9월 26일
백곰 미사일 비행시험 성공

성공을 마치기 위해 국방과학연구소의 1978년은 모든 연구원들이 눈코 뜰 새 없이 연구하고 매일 밤을 새우다시피 지낸 한 해였다.

1978년 9월 공개시사회 비행시험을 위해서는 그 이전에 적어도 몇 번의 비행시험을 성공해야 했기 때문에 연구원들은 연초부터 미사일을 조립하고, 한편으로는 미사일을 추적할 레이더를 설치하며 비행시험장을 건설하는 등 준비를 마쳤다. 1978년 봄, 몇 차례의 비행시험이 계속 실패했는데, 한 번은 서해 남쪽 바다로 날아가야 할 미사일이 1단 추진기관 분리 전에 반대방향인 육지로 날아와 처박히는 사고가 발생했다.

이렇게 비행시험에 실패할 때마다 연구원들은 밤을 새우며 실패원인을 분석하고, 개선대책을 수립해 다음 달 비행시험을 준비했다. 바다로 날아가야 할 백곰 미사일이 방향을 바꿔 육지에 처박힌 원인은 1단 추진기관의 구성이 4개 추진기관의 묶

미사일이 반대로 날아가는 등 백곰 비행시험은 실패를 반복했다.

음으로(clustering) 되어 있기 때문이었는데, 4개 추진기관 중 하나에서 추진력이 정상적으로 발생하지 않아 추진력의 균형이 깨진 탓이었다. 여러 개의 묶음으로 된 추진기관에서는 각 추진기관이 동시에 점화되고 동일한 추진력을 발생하는 것이 매우 중요하다는 사실을 일깨워준 사건이었다. 이 사건을 경험한 연구원들은 1980년대 들어와 현무 미사일을 개발하면서 1단 추진기관을 대형 단일추진기관으로 개량했다.

야전 실용운용시험장의 사고

무기체계를 개발하면 후반부에 진행하는 시험 중 주로 야전에서 실시하는 실용운용시험이 있다. 실용운용시험에서는 보통 실제 사격시험도 하는데, 이 사격시험을 준비하려면 기본적으로 시험장 주변을 정찰하고, 측지반을 동원해 주요 지점에 대해 정밀측지작업을 한다.

어느 날 운용시험을 할 부대의 측지반과 함께 야전 시험장의 측지를 마치고 휴식을 취하고 있는데, 약 200m 떨어진 거리에서 "꽝!"하는 폭발음이 들려와 순간적으로 몸을 낮추고 주변 상황을 살폈다. 사방은 조용했는데, 곧이어 폭발음이 들려온 곳에서 사람들의 울부짖음이 들렸다. 달려가 보니 목불인견의 사고 상황이 벌어져 있었다. 즉시 긴급 구조 헬기를 요청해 부상자를 실어 보내는 등 후속조치를 취했는데 이 사고로 한 명이 사망하고, 수 명이 크게 부상을 입었다.

당시 사고원인을 조사한 결과, 측지반원 1명이 측지작업을 하던 중 고철을 수집한다면서 3.5인치 대전차 로켓 불발탄을 가져왔다. 그리고는 이 불발탄을 분해한다며 두드리고 있었다는 것이다. 즉, 사고발생 경위를 추정해보면 그 병사는 불발탄의 앞부분이 깨져나갔기 때문에 탄두를 기폭 시키는 신관이 없다고 생각해 안심하고 불발탄을 두드렸고, 불발탄 중간에서 잠자고 있던 신관이 충격으로 깨어나며 탄두를 작동시켜 폭발한 것이었다. 여기서 이 병사의 가장 큰 실수는 3.5인치 대전차 로켓의 신관 위치가 맨 앞부분이 아니고 중간이라는 사실을 몰랐던 것이다. 105mm 포탄이나 박격포탄 등 많은 경우, 신관의 위치가 맨 앞에 위치하고 있으며, 맨 앞의 신관이 깨져 불발이 된 경우에는 웬만한 충격에도 폭발하지 않는다. 하지만 미사일에서도 신관의 위치는 필요에 따라 다양하게 설계한다. 이

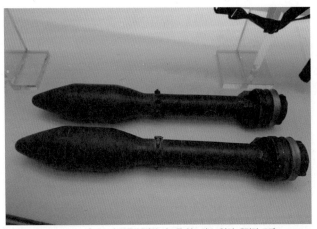

6.25전쟁에 사용됐으며, 종종 불발탄 사고를 일으킨 3.5인치 대전차 로켓

책 서두에서 다룬 〈미사일의 기본구성〉 그림에서도 신관이 중간에 위치함을 볼 수 있다.

대화와 소통, 팀워크의 중요성

우리가 사는 사회에서는 '대화와 소통'이 매우 중요하다. 어떤 문제를 해결해 주지는 못하더라도 대화가 오해를 줄여 해결의 실마리를 제공할 수는 있다. 무기체계를 연구개발하는 일도 마찬가지다. 연구개발은 다소 고지식한 연구원들이 한데 모여 진행하기 때문에 기술적인 부분 때문이 아니라 사회적인 문제로 개발에 실패하는 경우가 종종 발생하며, 어떤 경우에는 조직 간의 소통 불능이 실패의 원인이 되기도 한다. 우리나라 사회에서는 대화와 팀워크를 위한 회식과 술자리가 너무 많아 종종 문제가 되기도 하지만, 실제로 술은 이러한 문제에 있어 윤활유 기능을 하기도 한다. 이러한 예로 필자가 겪은 한 인상 깊은 목격담을 들려주고자 한다.

요즈음은 전철 안 대부분의 사람들이 고개를 숙이고 스마트폰 속에 빠져 있지만, 가끔 나이든 사람들은 대화를 시도하기도 한다. 어느 날 저녁 전철 안, 다소 나이 지긋해 보이는 한 여자가 술에 취해 갑자기 노래를 부르며 '즐겁게' 신세 한탄을 하는 모습이 눈에 띄었다. 모두들 잠깐 쳐다보고는 피하며 모른 체 하고 있는데, 또 다른 술 취한 남자가 버럭 소리를 지르며 여자에게 조용히 하라고 야단을 쳤다. 사람들은 싸움이 난 줄 알고 걱정스레 그쪽을 바라보고 있었다. 술 취한 남자의 기세

등등한 야단을 반복해 얻어맞고, 여자는 그만 조용해졌다. 하지만 그 여자는 조용히 입을 다물고 있기에는 너무나 한이 많아 보였다. 잠시 후 여자는 작은 소리로 다시 중얼거리기 시작했고, 남자는 다시 소리를 버럭 지르며 곧 다툼이 일어날 것 같았다. 그런데 그 여자가 느닷없이 남자를 향해 "오빠, 너무 그러지 마시오!"하면서 애교를 떨기 시작했고, 횡설수설 알아들을 수 없는 목소리로 자기 사정을 늘어놓았다. 그랬더니 그들은 금방 친해졌고, 서로를 이해하는 듯 보였다. 남자는 큰 소리로 "너도 나처럼 많이 어려운가 보다."라고 하면서 위로의 말을 한 마디 건넸고, 불과 5분도 안 되어 이 두 사람은 전철 차창을 사이에 두고 "오빠, 잘 가" "그래, 너도 잘 살아!"하는 인사를 나누고 있었다. 마지막으로 그 남자는 여자의 등 뒤로 "저게 인사도 할 줄 아네!"라는 혼잣말을 남겼다. 다소 삭막하기만한 전철 안에서 '대화와 위로'의 효과를 실감한 장면이었다.

미사일의 연구개발에서 과학기술의 중요성이 강조되다 보니 일반인들은 돈과 기술만 충분하면 된다고 생각하지만, 그건 큰 오산이다. 많은 고지식한 전문가들이 모여 편성한 연구개발 조직에서는 프로젝트의 성공을 위해 '소통과 팀워크'가 훨씬 중요하다. 과학천재이며 로켓의 대부로 불리는 폰 브라운이나 천쉐쎈(錢學森)의 리더십을 한번 살펴보라(참고문헌 참조).

미사일은 왜 일부 선진국에서만 개발할까?

앞에서 살펴본 것처럼 미사일을 개발하는 일은 굉장히 큰 사업이다. 또 과학기술 지식, 전문연구개발 인력, 막대한 예산, 첨단산업 인프라, 개발 후의 수요량 등 많은 요소가 충족될 때 국가적으로 추진해야 하는 어려운 사업이다. 물론 민간방산업체가 미사일을 개발하기도 하지만, 그 경우에도 수출 통제를 비롯해 전적으로 국가적인 뒷받침 아래에서 진행하는 것이다.

여하튼 국가방위에 있어 필수품이 된 미사일은 모든 국가가 필요로 하는 무기라고 할 수 있다. 그러나 후진국의 경우 미사일 개발에 뛰어들 여건이 되지 않는다. 혹 시작을 한다 해도 타국가보다 더 우수한 성능의 미사일을 언제 만들 수 있을지 기약할 수도 없다. 자동차나 비행기를 직접 제작하는 국가가 많지 않은 상황과 비슷한 실정이다. 그런데 여기 일반 상품과 다른 또 하나의 문제는 전략미사일의 경우 돈을 주고도 살 수 없다는 것이다. 결국 후진국은 자국의 방위를 외국이나 방위공동체에 의존해야 한다. 많은 선진국 또한 독자적인 미사일체계 개발을 포기하고 공동체를 구성해 개발하거나 국가방위를 공동체에 의존하고 있다. 미사일은 국가방위에 꼭 필요하고 산업면에서 파급효과가 크지만, 그 자체로는 대개의 경우 수익이 없는 사업이다.

우리나라 환경을 돌아보자. 차후에라도 주변에 서로 의존할 수 있는 방위공동체가 생겨날까? 또 연구개발과 생산 및 수요

관점에서 상호 협력할 수 있는 파트너를 구할 수 있을까? 전술미사일과 일부 부품의 개발에 있어서는 파트너를 구할 수 있을지도 모른다. 그러나 전략미사일의 경우는 독자적인 개발을 할 수 밖에 없을 것이며, 이러한 환경은 우리가 한반도를 들고 이사를 가지 않는 한 바뀌지 않을 것이다.

한 국가의 방위를 위해 미사일 등의 핵심무기체계를 독자적으로 연구개발한다면 얼마나 많은 인력과 예산이 필요할까? 매우 개괄적이고 막연한 질문이지만 굳이 답한다면 수 만 명의 전문연구개발 인력(군산학연 포함)과 연간 수 조원 이상의 자원이 필요하다. 참고로 미국의 경우, 앞서 말한 규모의 백 배 수준의 자원을 투입하고 있다. 이러한 자원 규모를 볼 때, 후진국이 미사일을 개발해 독자적으로 방위능력을 갖춘다는 것은 거의 불가능하다.

그런데 객관적 여건이 되지 않는데도 미사일과 우주발사체 연구개발에 집중투자하는 몇 나라가 있다. 우리나라 주변의 일본과 북한이 이에 해당한다. 일본의 경우 병력 수준에서 볼 때 미사일의 수요가 많지 않지만, 꾸준히 연구하고 우주개발에 집중투자를 하고 있다. 일본의 특징은 획득계획이 없거나 소량이어도 연구개발을 계속한다는 것이다. 그 결과 일본의 기술은 최고 선진국 수준으로 평가되고 있다. 한편 북한은 더욱 특이한 경우로, 국가 운영에 있어 모든 것을 희생하며 오로지 군사력, 그중에서도 미사일과 핵 개발에 매달리고 있다. 보편성이 통하지 않는 특이한 나라라고 할 수 있다.

공동개발과 공동생산의 숙제

미사일 체계를 연구개발하는 전체 과정과 업무를 세세하게 적으면 수많은 도표와 몇 권의 책으로 구성할 수도 있다. 하지만 필자는 앞에서 언급한 것처럼 다섯 단계의 서술식으로 간단히 요약해보았다.

한편 그동안 축적된 연구개발 지식과 경험에 따라 정형화된 개발 단계와 절차는 때로 느슨하게 적용할 필요가 있다는 패러독스가 존재한다. 특히 상상만으로 제안된 무기, 미리 예측하기 어려운 신무기를 연구개발 할 때 더욱 그렇다. 왜냐하면 첨단기술자나 엉뚱한 상상가들이 제안하는 것을 정형화된 연구개발체제가 수용하기는 쉽지 않기 때문이고, 특수한 목적과 환경에서는 적용할 수 없기 때문이다. 만약 정형화된 연구개발체제를 엄격하게 적용했다면 독일에서 V-2가 개발 착수되기는 어려웠을 것이고, 1970년대 우리나라가 백곰 미사일을 개발하는 일 또한 불가능했거나 실패로 끝났을 것이다.

종합과학의 산물인 미사일은 자동차나 비행기와 유사하다. 우리나라는 세계적으로 몇 안 되는 자동차 생산국 중 하나다. 우리나라와 중국, 일본 모두 자동차 생산국이며 항공기 제작 능력을 보유해 전투기의 전부 또는 일부를 자체 생산 및 조달하고 있다. 그러나 세 나라 모두 대형 상용 여객기를 생산하지는 못하고 있다. 모두 그럴만한 능력은 있지만, 선진국이 장악하고 있는 시장에 진입해 지속적으로 경쟁하고 승리할 자신이 없는 것이다. 또 상용 여객기는 해외에서 구매할 수 있다는 이유도 있다. 미사일의 경우는 군용 항공기의 시장 특성과 유사하다고 할 수 있다. 미사일도 가격과 성능의 경쟁력이 있어야하며, 공동개발과 공동생산 등의 방법으로 시장 확보가 꼭 필요하다고 생각된다. 이러한 대안이야말로 미사일 연구에 필요한 많은 연구개발 인력과 막대한 예산을 해결하는 방안이 될수 있을 것이다. 한편 공동개발을 하려면 개발절차를 유사하게만드는 등 서로 쉽게 협력할 수 있는 환경조성과 교류가 필요할 것이다.

미래전과 우주전, 또 한 번의 기적을 기다리다

미사일의 개발 동향과 전망

앞에서 보았듯 미사일의 범주는 매우 넓다. 이 넓은 범주와 수많은 종류의 미사일이 앞으로 어떻게 발전되어 갈 것인가를 다루는 일은 필자의 능력과 이 책의 범위를 넘어선다. 따라서 일반적이고 개괄적인 분야 또는 특정한 분야에 대해 개발 동향과 전망을 단편적으로 서술해 보고자 한다.

미래전의 가장 큰 특징 중 하나는 무인로봇체계다. 선진국끼리의 전쟁에서 사람은 뒤에서 조종만 하게 될 가능성이 크다. 결국 무인로봇체계의 전쟁으로 승패가 결정될 것이며, 선진국과 후진국의 전쟁은 선진국의 무인로봇체계와 후진국의 유인

체계가 싸우는 만화 같은 싸움이 될 것이다. 이러한 만화 같은 싸움은 사실 제2차 세계대전에서 실제 벌어졌다.

독일의 신무기 '나는 폭탄' V-1을 발견한 연합군의 조종사들은 열심히 V-1을 뒤쫓으며 기총사격을 해댔다. 하지만 앞으로는 '나는 폭탄'이 피격을 당하는 게 아니라 자신을 요격하려는 전투기를 향해 미사일을 발사해 적을 제압하고, 인간을 비웃을 것이다. 2000년대 현재 후진국의 유인 전투기는 선진국의 무인기를 상대로 힘든 싸움을 하고 있다. 선진국의 무인체계가 상대방의 유인체계 또는 무인체계를 제압하면 사실상 전쟁은 종료된 것이며, 승리한 무인체계를 인간이 대적한다는 것은 거의 불가능한 일에 가깝다.

단언적으로 말해 미래의 모든 전투체계는 최대한 무인화 될

리퍼(Reaper, Combat UAV) :
현재는 대지공격용이나 장차 전투기를 요격할 무인기

것이며, 미사일은 이 무인화체계에 채택될 수 있도록 스마트 미사일로 발전해 핵심타격체계가 될 것이다.

정확도의 향상

미사일에 있어 정확도(accuracy)는 언제나 발전해야 할 대상이다(정확도의 의미는 다음 장의 설명 참조). 정확도가 발전하면 전술적인 운용개념도 따라서 변경·발전한다. 1세대 미사일의 '정확도 CEP(Circular Error Probable)'가 수 백 미터 또는 수 킬로미터 수준이었다면 2000년대 현재는 수 미터 또는 수십 미터까지 가능한 수준이다. 미사일에 따라 필요한 경우에는 오차가 없는 핀 포인트(pin point) 타격의 정확도를 갖출 것이다. 정확도 CEP가 수 킬로미터인 미사일이 타격 목표를 달성하려면 살상반경(lethal area)이 넓은 핵탄두가 필요하다. 그러나 정확도가 좋아지면 의도적으로 대량살상을 목표로 하지 않는 한 큰 위력의 핵탄두는 더 이상 필요 없다. 하지만 100~10,000 킬로미터를 비행해 CEP 수 미터 또는 수십 미터 수준의 정확도를 달성한다는 것은 결코 쉬운 일이 아니다. 미사일은 불완전한 인간이 만드는 것이며 미사일이 비행하는 자연계에는 수많은 오차 요인이 존재하기 때문이다.

또 지속적으로 탐색기의 성능, 탄두의 성능, 추진기관의 성능 등이 모든 분야에서 발전할 것이다. 탄두에서는 물리적인 파괴용 탄두가 기본이지만 전술적, 전략적 표적이 다양해지기 때문에 이에 상응하는 성능으로 발전하고 있다. 예를 들어 EMP(Electro Magnetic Pulse)탄두로 통신전자장치와 컴퓨터 등을 못쓰게 만들기도 하며, 전력공급망을 손상시키는 탄두 또한 출현하고 있다. 손오공의 마술처럼 한 번에 여러 표적을 제압하는 미사일, 즉 다탄두가 여러 표적으로 유도되는 탄두도 개발되어 있다. 생명체를 공격하는 생화학탄두가 출현한 지는 이미 오래되어 1983년 이란-이라크전에서 스커드 미사일에 사용되기도 했다.

추진기관의 성능도 나날이 발전하고 있는데, 아직까지 화학에너지에 의존한 추진력이 대세지만, 언젠가는 혁신적인 추진기관이 출현할 것이다. 제트엔진을 사용하는 순항미사일의 경우 아음속 비행을 함으로써 과거 V-1과 같이 요격을 당할 수 있는 단점이 있는데, 이러한 단점을 보완한 초음속비행의 순항미사일은 이미 개발된 바 있다.

전쟁에서 미사일이 하는 중요한 역할 중 하나는 접근해오는 적을 사전에 차단하는 것인데, 이러한 종류 중 하나로 중국은 접근해오는 적의 항공모함을 2,000km 밖의 거리에서 타격할 수 있는 탄도미사일을 개발했다. 물론 항공모함은 이러한 미사일에 대비한 요격용 미사일을 준비하고 있다. 즉, 한 쪽은 방어망을 돌파하려는 노력을, 반대측은 반드시 요격에 성공하기 위해 끊임없이 연구개발을 하고 있다.

정밀도와 정확도는 어떻게 다를까?

미사일에 있어서 정확도는 매우 중요한데, 먼저 용어 정의를 해보기로 한다. '정확도'와 함께 혼동하여 사용하는 용어로 '정밀도(Precision)'가 있는데 이들의 차이는 무엇일까?

예를 들어 세 발의 미사일을 만들어 발사한다고 할 때, 정밀도가 우수하다면 세 발의 형상이 모든 제원에서 거의 똑같을 것이며, 한 표적에 동일한 조건으로 발사하면 세 발이 거의 동일한 지역에 탄착할 것이다. 세 발의 탄착중심점(MPI: Mean Point of Impact)이 표적에 일치하느냐 아니냐의 여부는 상관없다. 여기서 그 미사일의 정확도가 우수하다면 세 발의 탄착중심점이 표적에 일치하면서 거의 동일한 지역에 탄착할 것이고, 정확도가 나쁘다면 세 발의 탄착중심점이 표적에서 멀리 떨어져 거의 동일한 지역에 탄착할 것이다. 만약 정밀도가 나쁘다면 세 발은 동일한 지역에 탄착하지 못하고 중구난방으로 탄착하게 된다. 물론 세 발의 탄착중심점이 표적에 일치하느냐 아니냐의 여부와 상관없다.

위의 설명을 다음의 그림처럼 표시할 수 있는데, 그림에서 볼 수 있듯 정밀도는 미사일 개별 간 산포(dispersion)의 정도를 의미하며(이때의 기준점은 표적이 아니고 탄착중심점), 정확도는 그 미사일의 평균성능이 표적에 얼마나 근접하고 있는가를 의미한다(이때의 기준점은 표적). 사격결과의 성능은 언제나 정밀도와 정확도 성능이 합쳐진 결과로 나타나며, 성능 개량을 할 때는 결과적으로 정밀도와 정확도의 성능을 모두 향상시켜야 한다.

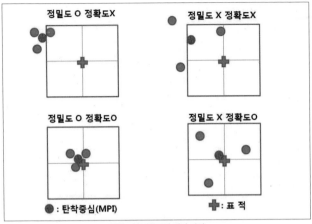

정밀도와 정확도의 개념 차이

　정밀도와 정확도 모두 그 정도를 표기하는 방법으로 CEP
를 사용한다. '정확도 CEP'는 표적에 두 발을 발사할 때 한 발
이 탄착할 확률(50% 확률)의 반경을 의미한다. 예를 들어 '정확
도 CEP 10m'라고 할 때, 두 발을 쏘면 한 발은 표적에서 10m
반경 안에 떨어진다는 것이고, 이때 탄두의 살상반경이 10m
정도라면 그 표적은 확실히 파괴된다고 생각할 수 있다(탄두가
100% 폭발한다고 가정할 때). 한편 '정밀도 CEP 10m'라고 하는 것
은 두 발을 발사할 때 그 두 발의 산포를 말해주는 것으로, 두
발의 탄착중심점을 기준으로 반경 10m 안에 다른 한 발이 있
을 것이라는 의미다.

우주전을 준비하는 신기전의 후예들

　미래전의 특징 중 하나는 우주전이다. 사실 우주전도 이미 통신, 정보 정찰 분야에서 시작된 지 오래다. 앞으로는 상대방의 우주자산을 파괴 또는 무력화하고, 우주에서 지상의 표적을 공격하는 전투체계도 배치될 것이다. 우주공간상에서의 전투를 위한 미사일은 현재의 미사일 개념에서 큰 전환이 필요할 것이다. 중국은 이미 2007년에 쓸모없게 된 자국의 인공위성을 미사일로 요격하는 데 성공했다. 그런데 요격기술 입증 목적으로 직접 타격해 파괴하는 재래식 방법을 사용하는 바람에 수많은 파편의 우주쓰레기가 발생했고, 이 우주쓰레기 파편이 다른 위성과 충돌하며 부수적인 피해를 야기하고 있는 실정이다.

　아무튼 우주전을 준비하기 위한 우주자산의 배치수단인 발사체는 당분간 현재의 우주발사체 개념에서 크게 벗어나지 않을 것이다. 앞에서 소개한 바와 같이 우주발사체 기술은 미사일 기술의 연장선상에 있다. 미사일과 우주강국으로 둘러싸인 우리나라 입장에서는 단기적으로 국가방위 자체를 위해서도 미사일 연구개발이 필요하지만, 장기적으로 우주자산을 건설하기 위해서도 필요하다. 우주산업의 특징인 대량생산성 부족 때문에 연관산업인 미사일 산업 없이는 우주개발도 어렵다.

　또 단순히 남의 나라의 발사체에 의존해 쏘아 올리는 통신, 정찰 위성만으로는 우주전쟁을 대비할 수 없을 것이다. 우리나

우리나라는 2013년 1월 30일
과학위성 발사에 성공했다.

라는 2013년 1월 30일 나로호를 발사해 약 100kg의 과학위성
을 궤도에 진입시키는 데 성공했다. 비록 1단 로켓은 외국제였
지만, 지난 40년간의 자국 내 미사일 연구개발이 없었다면 나
로호도 성공할 수 없었을 것이다.

잘 알려진 바와 같이 러시아가 나로호 1단 로켓을 제공했지
만, 우리나라에서 설계·제작할 수 있는 기술까지 제공한 것은
아니었다. 오히려 우리나라 연구진들이 접근하지 못하도록 철
저히 차단했다. 이는 사실 당연하다고 생각하는데, 한 국가의
중요 핵심기술을 값싸게 다른 나라에 이전한다는 것은 상상할

수 없는 일이다. 이 책의 첫머리에서 소개했던 엑조세 미사일을 구입하는 것만 해도 특별한 대가의 지불 없이는 불가능한 일이었다. 1987년 이후 미사일 기술과 부품의 수출입은 무분별한 확산을 방지하기 위해 MTCR(Missile Technology Control Regime) 규정으로 통제하고 있다.

한편 단기적으로 우리나라는 미사일 강국이라고 할 수 있는 북한의 위협에 완전 노출되어 있다. 이러한 환경에서 한국이 미사일 연구개발을 게을리 한다면 그것은 단기적 또는 장기적으로 국가방위를 포기하는 것이나 마찬가지 아닐까?

우리나라는 역사적으로 일찍 로켓무기를 개발해 효과적으로 국가방위를 한 전례가 있다. 우리나라에서 처음 화약무기를 개발한 예는 고려시대 말 최무선이 주도한 화통도감(火㷡都監)

우리나라 최초의 다연장로켓 무기인 신기전

이었다. 화통도감에서 개발한 화전(火箭)과 주화(走火)는 고려를 괴롭힌 왜구를 퇴치하는 데 큰 역할을 했고, 후에 조선 세종 시대의 신기전(神機箭) 개발로 이어졌다. 신기전은 세종대왕의 북방 개척에 있어서도 큰 역할을 했다. 아쉬운 것은 화통도감이 10년 만에 폐지됐으며 조선의 화약무기도 '총'이라는 신무기로 발전하지 못해 외부세력이 쳐들어오자 힘없이 망국의 길로 접어들었다는 것이다. 방위산업을 지속적으로 유지하는 것은 매우 어려운 일이 분명하다. 하지만 이를 극복하지 못하면 결국 국가를 유지하지 못할 수도 있는 것이다. 우리의 역사가 이를 증명하고 있다.

그동안 우리나라의 미사일 개발을 제한했던 미사일지침(Missile Guideline)이 2012년 10월 개정되어 연구개발의 폭이 좀 더 넓어졌다. 예를 들어 탄도미사일 사거리의 제한은 1970년대 180km에서 2000년대에는 300km, 2012년에는 800km로 개정됐다. 그리고 2013년에는 우리나라도 소형 과학위성의 궤도 진입에 성공했다. 로켓과 미사일 연구개발에 있어 우리나라는 현재 새로운 환경을 맞이하고 있다.

연구개발에서 무엇이 가장 중요할까?

모든 프로젝트의 성공을 위해 가장 중요한 것이 무엇이냐 묻는다면 역시 '돈 또는 자본'이라 말할 수 있다. 어떤 프로젝트이든지 간에 자금 없이 수행하는 것은 불가능하다. 그러나 프로젝트를 수행하는 주체는 결국 사람이며, 특히 미사일 프로젝트에서는 거의 모든 과학기술 분야의 전문기술인력이 필요하다.

독일과 미국의 로켓과 미사일 개발에서는 과학천재 폰 브라운과 그의 팀이 성공의 핵심요인이었다. 혁신적인 신무기의 출현에는 언제나 정치 지도자의 확고한 의지와 국민들의 튼튼한 뒷받침 그리고 과학기술 분야의 탁월한 인물이 있었다. 또 다른 예가 중국의 천쉐쎈(錢學森, 1911~2009)이다.

앞장 '중국의 미사일 개발'을 논하면서 잠시 소개한 바 있는 천쉐쎈은 중국 청화대학에서 미국으로 유학해 MIT에서 석사학위를 받고, 캘리포니아 공대에서 그 유명한 폰 카르만 교수에게 배우며 항공공학박사 학위(1939년)를 받았다. 그는 뛰어난 능력과 폰 카르만 교수의 추천으로 제2차 세계대전 당시 미국 국방성의 과학고문을 맡았고, 독일에도 파견되어 V-2 미사일 조사와 함께 폰 브라운을 만나기도 했다. 그러나 나중에 그는 중국에 돌아가기를 원했고, 결국 미국에 의해 연금 상태에 빠지게 되었다. 하지만 1955년 미국과 중국의 협상 결과, 한국전쟁에서 발생한 미군 포로와 교환할 수 있게 되어 중국으로 귀국할 수 있었다. 미국의 일부 인사들은 그의 뛰어난 능력을 우려해 포로 교환에 절대 반대하는 의견을 내기도 했다.

여하튼 이후 천쉐쎈은 중국의 모든 로켓과 미사일 연구개발을 주도해 성공시킨 중국의 영웅이 되었다. 중국에서는 그를 '국가 걸출 공헌 과학자' '중국을 감동시킨 10대 인물'로 존경하고 있으며, '항천지부(航天之父)' '과기거성(科技巨星)'이라 부

중국의 과학천재 천쉐쎈을 모델로
인재 육성을 도모하자는 주제의 책

르고 있다. 2011년에는 그를 기리는 영화까지 제작되었고, 그와 같은 과학천재를 기르기 위해서는 무엇을 해야 하는가를 다룬 책 『전학 삼 성재 10방략(錢學森 成才 10方略)』이 출판되기도 했다.

미사일 연구개발 프로젝트의 성공에 있어 과학기술 인력이 얼마나 중요한지를 보여주는 한 예라 할 수 있다.

미래전을 대비하라

미래의 전쟁은 정보전, 사이버전, 정밀타격전, 무인전, 우주전으로 전개될 것이다. 미사일은 자동차나 비행기와 같이 종합과학의 산물이며 우주개발산업과 민수산업에 파급효과가 지대하다. 미사일 기술 없이 인공위성을 발사하거나 우주를 여행하는 것은 불가능하고, 타국의 군사 위협에 맞설 수도 없다. 우리나라는 미사일과 우주전의 강국으로 완전히 둘러싸여 있다. 이런 환경에서 살아남기 위해서는 10년 만에 화통도감을 폐지했던 역사적인 실수의 교훈을 잊지 말아야 한다. 국민적인 공감대 속에서 미래전을 대비하는 첨단 미사일 연구를 뒷받침하고,

미사일 방위산업이 우주발사체 개발과 시너지 효과를 낼 수 있도록 박차를 가해 또 한 번의 기적을 이룩해야 한다.

우리나라 역사에는 식민치하와 전쟁의 폐허에서 기적을 만들어낸 많은 영웅들이 있고, 선진국 도약을 위해 앞으로 더 많은 영웅의 출현을 기다리고 있다. 우리도 중국의 천쉐썬 같은 영웅들을 기리고 육성하는 방안을 세워야 한다. 이렇게 잘 알고 있으면서도 쉽게 이행하지 못하는 이유는 뭘까? 우리나라 사람들이 서로 헐뜯기를 좋아해서일까? 만약 정말 그렇다면 헐뜯는 것을 좋아하는 우리 한국인들이 어떻게 기적을 만들어냈는지 분석하는 일도 필요한 연구테마 중 하나일 것이다.

생존의 필살을 다투고 지존의 국가방위 임무를 달성하기 위해 미사일의 치열한 연구개발이 이루어지면, 그 결과 자연스럽게 스마트한 기술들이 개발될 수 있다. 이런 기술들이 다른 과학기술 분야의 연구개발자들, 예를 들어 암 치료를 연구 중인 의료인들에게도 많은 영감을 줄 수 있지 않을까?

참고문헌

박준복, 『한국 미사일 40년의 신화』, 일조각, 2011.

존 키건, 황보영조 옮김, 『정보와 전쟁』, 까치, 2005.

조지 프리드먼, 손민중 옮김, 『100년 후』, 김영사, 2010.

안승범·오동룡, 『2012·2013 한국군 무기연감』, 디펜스타임즈, 2012.

정규수, 『로켓, 꿈을 쏘다』, (주)웅진씽크빅, 2010.

정규수, 『ICBM 그리고 한반도』, 지성사, 2012.

국방과학기술조사서(일반본), 국방기술품질원, 2010

브라이언 하베이, 김지훈·김유 옮김, 『러시아 우주개척사』, 북스힐, 2012.

아파나시예브 이고르·라브료노브 알렉산드로, 카제노바 아셸 옮김, 『세계우주클럽』, 바다, 2005.

고다이, 김경민 옮김, 『로켓 개발, 그 성공의 조건』, (주)엔북, 2010.

피터 싱어, 권영근 옮김, 『하이테크 전쟁』, 지안, 2011.

채연석, 『로켓 이야기』, 숭산, 2002.

위키피디아 http://www.wikipedia.org

미사일 이야기

펴낸날	초판 1쇄 2013년 4월 30일

지은이	박준복
펴낸이	심만수
펴낸곳	(주)살림출판사
출판등록	1989년 11월 1일 제9-210호

주소	경기도 파주시 문발동 522-1
전화	031-955-1350 팩스 031-955-1355
기획·편집	031-955-4662
홈페이지	http://www.sallimbooks.com
이메일	book@sallimbooks.com

ISBN	978-89-522-2650-1 04080

책임편집 **최진**

126 초끈이론 아인슈타인의 꿈을 찾아서 `eBook`

박재모(포항공대 물리학과 교수) · 현승준(연세대 물리학과 교수)

빠르게 발전하고 있는 초끈이론을 일반대중이 이해할 수 있도록
쉽게 풀어쓴 책. 중력을 성공적으로 양자화하고 모든 종류의 입자
와 그들 간의 상호작용을 포함하는 모형으로 각광받고 있는 초끈
이론을 설명한다. 초끈이론을 이해하기 위해 필요한 양자역학이
나 일반상대론 등 현대물리학의 제 분야에 대해서도 알기 쉽게 소
개한다.

125 나노 미시세계가 거시세계를 바꾼다 `eBook`

이영희(성균관대 물리학과 교수)

박테리아 크기의 1000분의 1에 해당하는 크기인 '나노'가 인간
세계를 어떻게 바꿔 놓을 것인지에 대한 해답을 제시하는 책. 나
노기술이란 무엇이고 나노크기의 재료들은 어떻게 만들어지는가,
나노크기의 재료들을 어떻게 조작해 새로운 기술들을 이끌어내는
가, 조작을 통해 어떤 기술들을 실현하는가를 다양한 예를 통해 소
개한다.

448 파이온에서 힉스 입자까지 `eBook`

이강영(경상대 물리교육과 교수)

누구나 한번쯤 '우주는 어디에서 시작됐을까?' '물질의 근본은 어
디일까?'와 같은 의문을 품어본 적은 있을 것이다. 물질과 에너지
의 궁극적 본질에 다가서면 다가설수록 우주의 근원을 이해하는
일도 쉬워진다고 한다. 이 책은 바로 이러한 질문들의 해답을 찾기
위해 애쓰는 물리학자들의 긴 여정을 담고 있다.

035 법의학의 세계 `eBook`

이윤성(서울대 법의학과 교수)

최근 드라마나 영화를 통해 일반인의 호기심을 자극하고 있지만
거의 알려지지 않은 법의학을 소개한 책. 법의학의 여러 분야에 대
한 소개, 부검의 필요성과 절차, 사망의 원인과 종류, 사망시각 추
정과 신원확인, 교통사고와 질식사 그리고 익사와 관련된 흥미로
운 사건들을 통해 법의학에 대한 이해를 돕는다.

395 적정기술이란 무엇인가   eBook

김정태(적정기술재단 사무국장)

적정기술은 빈곤과 질병으로부터 싸우고 있는 전 세계의 사람들에게 희망을 안겨주는 따뜻한 기술이다. 이 책에서는 적정기술이 탄생하게 된 배경과 함께 적정기술의 역사, 정의, 개척자들을 소개함으로써 적정기술에 대한 기본적인 이해를 돕고 있다. 소외된 90%를 위한 기술을 통해 독자들은 세상을 바꾸는 작지만 강한 힘이란 무엇인가에 대해서 알 수 있을 것이다.

022 인체의 신비

이성주(코리아메디케어 대표)

내 자신이었으면서도 여전히 낯설었던 몸에 대한 지식을 문학, 사회학, 예술사, 철학 등을 접목시켜 이야기해 주는 책. 몸과 마음의 신비, 배에서 나는 '꼬르륵' 소리의 비밀, '키스'가 건강에 이로운 이유, 인간은 왜 언제든 '사랑'할 수 있는가에 대한 여러 학설 등 일상에서 일어나는 수수께끼를 명쾌하게 풀어 준다.

036 양자 컴퓨터   eBook

이순칠(한국과학기술원 물리학과 교수)

21세기 인류 문명에서 가장 중요한 요소 중의 하나로 꼽히는 양자 컴퓨터의 과학적 원리와 그 응용의 효과를 소개한 책. 물리학과 전산학 등 다양한 학문적 성과의 총합인 양자 컴퓨터에 대한 이해를 통해 미래사회의 발전상을 가늠하게 해준다. 저자는 어려운 전문용어가 아니라 일반 대중도 이해가 가능하도록 양자학을 쉽게 설명하고 있다.

214 미생물의 세계   eBook

이재열(경북대 생명공학부 교수)

미생물의 종류 및 미생물과 관련하여 우리 생활에서 마주칠 수 있는 여러 현상들에 대해, 알기 쉽게 풀어 설명한다. 책을 읽어나가며 독자들은 미생물들이 나름대로 형성한 그들의 세계가 인간의 그것과 다름이 없음을, 미생물도 결국은 생물이고 우리와 공생하고 있다는 사실을 알 수 있을 것이다.

375 레이첼 카슨과 침묵의 봄 `eBook`

김재호(소프트웨어 연구원)

『침묵의 봄』은 100명의 세계적 석학이 뽑은 '20세기를 움직인 10권의 책' 중 4위를 차지했다. 그 책의 저자인 레이첼 카슨 역시 「타임」이 뽑은 '20세기 중요인물 100명' 중 한 명이다. 과학적 분석력과 인문학적 감수성을 융합하여 20세기 후반 환경운동에 절대적 영향을 준 레이첼 카슨과 『침묵의 봄』에 대한 짧지만 알찬 안내서.

277 사상의학 바로 알기 `eBook`

장동민(하늘땅한의원 원장)

이 책은 사상의학이라는 단어는 알고 있지만 심리테스트 정도의 흥밋거리로 알고 있는 사람들에게 바른 상식을 알려 준다. 또한 한의학이나 사상의학을 전공하고픈 학생들의 공부에 기초적인 도움을 준다. 사상의학의 탄생과 역사에서부터 실생활에서 적용할 수 있는 간단한 사상의학의 방법들을 소개한다.

356 기술의 역사 뗀석기에서 유전자 재조합까지

송성수(부산대학교 기초교육원 교수)

우리는 기술을 단순히 사물의 단계에서 생각하기 쉽다. 하지만 기술에는 인간의 삶과 사회의 배경이 녹아들어 있다. 기술의 역사를 통해 우리는 기술과 문화, 기술과 인간의 삶을 연결시켜 생각할 수 있게 될 것이다. 이 책을 읽은 후 주변에 있는 기술을 다시 보게 되면, 그 기술이 뭔가 다른 느낌으로 다가올 것이다.

319 DNA분석과 과학수사 `eBook`

박기원(국립과학수사연구소 연구관)

범죄수사에서 유전자분석에 대한 관심이 커지고 있지만 간단하게 참고할 만한 책은 거의 없는 실정이다. 이 책은 적은 분량이지만 가능한 모든 분야와 최근의 동향을 소개하고 있다. 특히, 내용의 이해를 돕기 위하여 서래마을 영아유기사건이나 대구지하철 참사 신원조회 등 실제 사건의 감정 사례를 소개하는 데도 많은 비중을 두었다.

eBook 표시가 되어있는 도서는 전자책으로 구매가 가능합니다.

㈜살림출판사

www.sallimbooks.com

주소 경기도 파주시 문발동 522-1 | 전화 031-955-1350 | 팩스 031-955-1355